DE UM TRAUMA AO OUTRO

CONSELHO EDITORIAL

André Costa e Silva

Cecilia Consolo

Dijon de Moraes

Jarbas Vargas Nascimento

Luis Barbosa Cortez

Marco Aurélio Cremasco

Rogerio Lerner

Blucher

DE UM TRAUMA AO OUTRO

Colette Soler

Tradução
Cícero Alberto de Andrade Oliveira

Revisão da tradução e revisão técnica
Sandra Leticia Berta

Texto não revisado pela autora

De um trauma ao Outro
Série Dor e Existência, organizada por Míriam Ximenes Pinho,
Cibele Barbará e Sheila Skitnevsky Finger
© 2021 Colette Soler

Tradução autorizada do texto publicado em espanhol do Seminário de Colette Soler, "De un trauma al Outro". Asociación Foro del Campo Lacaniano de Medellín. ISBN: 978-958-99157-0-7. Ano: 2009.
Tradução do texto original francês realizada por Esperanza Tardaguila e Maria Cecília Dalaine.
Realização integral e revisão dos textos em espanhol: Clara Cecília Mesa e Patrícia Muñoz.

Editora Edgard Blücher Ltda.

Publisher Edgard Blücher
Editor Eduardo Blücher
Coordenação editorial Jonatas Eliakim
Produção editorial Isabel Silva
Preparação de texto Bárbara Waida
Diagramação Negrito Produção Editorial
Revisão de texto Gabriela Castro
Capa Leandro Cunha
Imagem da capa iStockphoto

Blucher

Rua Pedroso Alvarenga, 1245, 4º andar
04531-934 – São Paulo – SP – Brasil
Tel.: 55 11 3078-5366
contato@blucher.com.br
www.blucher.com.br

Segundo o Novo Acordo Ortográfico, conforme 5. ed. do *Vocabulário Ortográfico da Língua Portuguesa*, Academia Brasileira de Letras, março de 2009.

É proibida a reprodução total ou parcial por quaisquer meios sem autorização escrita da editora.

Todos os direitos reservados pela Editora Edgard Blücher Ltda.

Dados Internacionais de Catalogação na Publicação (CIP)
Angélica Ilacqua CRB-8/7057

Soler, Colette, 1937-
De um trauma ao Outro / Colette Soler ; tradução de Cícero Alberto de Andrade Oliveira ; revisão da tradução e revisão técnica de Sandra Leticia Berta. – São Paulo : Blucher, 2021. (Série Dor e Existência / organizada por: Míriam Ximenes Pinho, Cibele Barbará e Sheila Skitnevsky Finger)
120 p.

Bibliografia
ISBN 978-65-5506-289-2 (impresso)
ISBN 978-65-5506-286-1 (eletrônico)

1. Psicanálise 2. Trauma psíquico I. Título II. Oliveira, Cícero Alberto de Andrade III. Pinho, Míriam Ximenes IV. Barbará, Cibele V. Finger, Sheila Skitnevsky VI. Berta, Sandra Leticia

21-0206   CDD 150.1952

Índices para catálogo sistemático:
1. Psicanálise

Sobre a Série Dor e Existência

A presente série se dedica a publicar livros que tratam das dores da existência no contexto dos fenômenos sociais e políticos contemporâneos, tendo como referencial a teoria e a clínica psicanalítica em diálogo com outros discursos. Abordar esses fenômenos não para catalogá-los, mas essencialmente interrogar aquilo que os determina e, principalmente, cingir suas incidências subjetivas e os modos possíveis de respostas em face do Real, ou, de outra forma, os modos de "resistir, para seguir vivendo", como diz a música popular.[1]

Nos idos de 1930, Freud[2] ressaltou que, apesar dos inúmeros benefícios que o processo civilizatório nos proporciona, ele também é fonte inesgotável de dissabores e mal-estar. Viver inserido na civilização implica em renúncias, privações e adiamentos, que ocasionam perda de satisfação e limitam sobremaneira a ânsia

---

1 "*Resistiré, para seguir viviendo*", no original. "Resistiré", canção composta por Carlos Toro Montoro e Manuel de la Calva Diego.
2 Freud, S. (1930). *O mal-estar na civilização*. São Paulo: Companhia das Letras, 2010.

humana por felicidade. Estruturalmente restringida, a felicidade só é alcançada em momentos breves e esporádicos, enquanto o sofrimento é uma constante que nos ameaça a partir de três fontes principais: as forças prepotentes da natureza, a fragilidade de nosso próprio corpo e as relações com os outros seres humanos dada a insuficiência das normas que regulam os vínculos afetivos e sociais. Freud considerou esta última fonte o sofrimento que mais nos deixa estremecidos.

Dos tempos de Freud para os nossos, poder-se-ia esperar que o sofrimento humano tivesse sido abrandado graças às melhorias e às notáveis conquistas nos campos científico, tecnológico, econômico e até social. É um paradoxo, mas as pessoas não parecem mais felizes que outrora. Em uma época vetorizada pelas conquistas de mercado, ou seja, produção-consumo-descarte tanto quanto possível, as pessoas se sentem cada vez mais pressionadas a ser produtivas, competitivas, eficientes e bem-sucedidas, em paralelo ao desmantelamento dos laços sociais e do sentido de pertencimento a uma determinada comunidade ou grupo. Sem contar com o anteparo das redes e dos mecanismos de solidariedade e apoio comunitário, as pessoas certamente se encontram mais vulneráveis. Promovem-se assim pensamentos e relações de teor mais individualista em que o consumo de objetos acena como a principal fonte de satisfação e realização. Em vez da prometida felicidade oriunda do progresso, redobram-se os alertas para o aumento significativo das taxas de depressão, suicídio e obesidade. Por toda parte, queixas de solidão e liquidez dos laços sociais.

Decantadas por filósofos e artistas, as dores da existência são inerentes à condição humana diante da constatação da vida como pura e insuportável contingência, sem sentido *a priori*. Para Lacan, a dor de existir irrompe no momento extremo, limiar em que se esgotam para o sujeito todas as vias do desejo, quando nada mais o habita "senão esta existência mesma, e que tudo, no excesso do sofrimento, tende a abolir esse termo inextirpável que é o desejo de viver".[3] Na última fronteira da existência nua e crua, há o despertar para o Real. Porém, a dor de existir denota também uma face humana, que ocorre com a perda inaugural no momento de entrada no campo da linguagem, que imprime em nós as suas leis, os seus limites na falta do significante último da existência, mas que nos concede, em contrapartida, nessa falta mesma, o desejo para nos sustentar para além desse ponto intolerável da existência. Logo, a dor de existir é constituinte de nossa humanidade, em que estamos sempre no risco da perda.

Se Freud apontou que viver em sociedade cerceia nossas pretensões de satisfação, ou seja, nossas possibilidades de gozo, Lacan, por sua vez, considera que a perda de gozo não se deve à sociedade, mas ao fato de sermos seres falantes, "maldição que o discurso, antes, modera", ponderou Colette Soler,[4] em livro que abre esta série. Logo, o discurso é tanto fonte de sofrimento quanto de tratamento possível para as dores da existência. Eis aí um dos grandes paradoxos humanos: se a existência não tem sentido em si mesma e não há nenhum sentido a ser encontrado, sobra para cada um a invenção dos modos possíveis de se continuar vivendo.

Entretanto, há situações extremas, adventos do Real, que levam o sujeito ao esgotamento das vias de seu desejo. A dor irrompe nesse ponto limite arrasando os ideais e as ficções de si mesmo, restando simplesmente a crueza da existência quando todo o desejo nela se desvanece. Poderá o sujeito resistir? De que modo ou por quais vias?

---

3 Lacan, J. (1958-1959). *Seminário 6: O desejo e sua interpretação*. Rio de Janeiro: Zahar, 2016, p. 133.
4 Soler, C. (2021). *De um trauma ao Outro*. São Paulo: Blucher, p. 25.

Importa-nos justamente levar ao público títulos que tratam, em suas diferenças, das dores que acompanham as situações-limite – perdas radicais, violência, racismo e outras intolerâncias e abusos diversos –, considerando que a patologia do particular está intrinsecamente relacionada com as patologias do social. Sem a pretensão de esgotar essas situações e seus efeitos disruptivos, desejamos que cada livro possa contribuir para enlaçar e intercambiar saberes e experiências, na aposta de que algo sempre se transmite, ainda que com furos e, às vezes, de modo artificioso.

Míriam Ximenes Pinho, Cibele Barbará e Sheila Skitnevsky Finger
Organizadoras da Série Dor e Existência

Conteúdo

Apresentação — 11

Nota sobre a tradução — 13

Prefácio à edição brasileira — 15

Conferência pública — **19**

O capitalismo, discurso traumatizante — 21

    De um traumatismo ao Outro — 21

    Função dos discursos — 25

    O proletário traumatizado — 29

    As multidões proletárias — 32

    Consequências éticas e subjetivas — 34

    Resultados — 37

Seminário   **43**

1. Concepção freudiana de trauma   45

   A hipótese da sedução   46

   Uma fantasia de trauma?   49

   Em direção ao real   53

   A neurose, traumática   60

2. O Outro, traumático   69

   O trauma sexual: por quê?   70

   "*Troumatismo*"   73

   Clínica do *troumatismo*   74

   Lógica e topologia do *troumatismo*   79

   Troumatismo e angústia   82

   O objeto que não angustiaria   85

3. *Lalíngua*, traumática   91

   Os dois saberes   91

   Lalíngua então   94

   Os *effects* [afetos/efeitos] da *lalíngua*   99

   A *lalíngua*, traumática   107

   Do sintoma à *lalíngua*   108

   O passe ao real   110

Referências   **115**

Apresentação

Este volume apresenta o texto do seminário ditado por Colette Soler no Fórum de Medellín nos dias 7, 8 e 9 de setembro de 2007, sobre o tema do traumatismo, bem como uma conferência pública realizada na ocasião sobre as incidências do discurso capitalista.

Esse seminário dá continuidade ao estudo do seminário *A angústia*, de Jacques Lacan, que havia sido realizado durante vários meses no Fórum de Medellín. Ele foi apresentado por Juan Guillermo Uribe, membro do Fórum, o qual, depois de haver evocado os grandes eixos desse trabalho que o precedeu, pronunciou algumas palavras de abertura e acolhimento.

Nota sobre a tradução

Para a presente edição da obra *De um trauma ao Outro*, usou-se como texto de referência a tradução em espanhol dos seminários em francês realizados por Colette Soler em Medelín, em 2007, dado que o texto original não pôde ser localizado.

Quanto à tradução, nos casos em que a autora fazia alguma referência específica aos textos de Jacques Lacan publicados em versões oficiais em francês (*Escritos, Outros escritos* ou *Seminários*), procurou-se localizá-los nas edições oficiais da Jorge Zahar Editora, substituindo esses trechos pelas versões (com os números das páginas) publicadas em português. Quando algum excerto se referia a um texto inédito em português, ele foi traduzido, procurando-se citar a fonte original em francês. Ademais, sempre que a autora citava outras obras literárias (romances, por exemplo) que dispunham de tradução no Brasil e que foi possível localizar, a referência da publicação brasileira foi indicada.

Dado que o seminário foi ditado em francês e que a presente obra foi traduzida com base na edição publicada em espanhol, sempre que os tradutores da versão espanhola faziam alguma nota explicativa utilizou-se aqui a nomenclatura *N. T. E.* (nota dos tradutores para espanhol) logo ao final da nota. Quando foi necessário acrescentar alguma nota à edição brasileira, usou-se a nomenclatura *N. T. B.* (nota do tradutor brasileiro) e *N. R.* (nota da revisora técnica da edição brasileira).

Em relação aos textos freudianos, optou-se por consultar a versão mais recente da obra publicada pela Companhia das Letras, traduzida para o português diretamente do alemão. Na falta de algum texto ainda não lançado por essa editora, recorreu-se à versão clássica da Imago.

Prefácio à edição brasileira

Foi decisão das coordenadoras da Série Dor e Existência iniciá-la com este livro, *De um trauma ao Outro*, que reúne uma conferência e um seminário que Colette Soler ditara em Medelín em 2007. Decisão pertinente para essa série, uma vez que, nessa ocasião, a autora enlaça a pergunta pelo trauma para a psicanálise e para o discurso contemporâneo dominante. De saída, marca a diferença. Para a psicanálise, o trauma inclui a responsabilidade do sujeito na questão que possa formular perante o acidente tíquico e, portanto, contingente. Nas palavras de Soler, "O sujeito é imanente a seu traumatismo" (p. 22). O discurso contemporâneo, por sua vez, inverte a questão do trauma separando acidente e sujeito, localizando este último como vítima e "(liberando-o) de toda implicação subjetiva" (p. 23).

A generalização do traumatismo – hipótese desenvolvida na conferência – deve-se ao discurso do capitalismo globalizante "condicionado pela ciência e em que a ordem que ele estabelece não faz laço social; pelo contrário, ele o desfaz e ataca os semblantes" (p. 25). Os corpos viventes associais são apalavrados nos discursos pelo semblante, tese de Lacan na conferência que dera em Roma em 1974, "A terceira".[1] Ele os chamara, seguindo Marx, "proletários". Soler[2] retoma essa referência e avança aqui afirmando e advertindo-nos sobre a diminuição do limiar traumático pelo escasso laço social – paradoxo – próprio a esse discurso.

Escrevo este prefácio em tempos pandêmicos e constato a atualidade dessas afirmações. Precisamente no ano de 2020, acompanhamos as diferentes elaborações de Colette Soler, nas quais observara que a ciência, por meio do discurso médico, torna o binômio vida-morte um saber que foraclui o sujeito. Os efeitos da dominância desse saber estão ainda para ser recolhidos neste momento, e onde o saber sobre a verdade do sujeito tende massivamente a ficar eclipsado.

Se em 2007 Colette afirmara "estamos na 'era dos traumatismos'" (p. 21), esse ano de 2020 globalizou a questão que essa época nos coloca. Um chamado a rever, mais uma vez, a teoria do trauma para a psicanálise orientará o psicanalista nas suas respostas perante as urgências subjetivas, sabendo que as enfrentamos e tratamos de responder a elas. Ou seja, trazer à cena aquilo que o discurso científico tenta foracluir em face de uma realidade que esmaga, qual seja: a questão do sujeito.

Esse seminário de 2007 retoma as linhas de força orientando a pergunta pelo trauma sexual, de origem e generalizado. Passar da cena de sedução para o Outro traumático é fazer o percurso de Freud a Lacan. *De um trauma ao Outro* põe em evidência que não se trata de foracluir o sujeito, porém que o trauma tem estrutura

---

1 Lacan, J. (1974). A terceira. Intervenção no Congresso de Roma – 31/10/1974-03/11/1974, publicada em *Lettres de l'École freudienne*, nº 16, 1975, pp. 177-203.
2 Soler, C. (2005-2006). *La troisième de Jacques Lacan. Séminaire de lecture de texte*. Formations cliniques du Champ Lacanien. Collège clinique de Paris.

de foraclusão. *Troumatisme*, neologismo de Lacan para dizer que, no furo (*trou*) do Outro, o sujeito deve inventar sua resposta pela via da fantasia. Aí onde não há nenhuma intervenção do simbólico, desamparo, "golpe do real", dita resposta será o recurso único e singular.

Se pudesse renomear essa leitura escreveria: "Atualidade do trauma em 2020". A vigência desse percurso realizado por Colette Soler é incontestável.

Sandra Leticia Berta
São Paulo, dezembro de 2020

Conferência pública

O capitalismo, discurso traumatizante

Estamos na "era dos traumatismos". Usei essa expressão para indicar o caráter histórico da noção e do feito traumático.

De um traumatismo ao Outro

Sua aparição data de fins do século XIX. Há mais de um século, Freud, confrontado com os sintomas da histérica de seu tempo, anunciava ao mundo o trauma sexual alojado no coração do inconsciente. Sabemos bem de que maneira seus contemporâneos denunciaram esse golpe. No entanto, de forma simultânea, o tema dos traumas da civilização aparecia então, primeiro o dos grandes acidentes ferroviários e, sobretudo, o do impacto representado pela primeira guerra mundial mecanizada, em 1914. Com a noção de neurose de terror ou neurose de guerra, aparentemente muito pouco sexual, e pela qual tanto Charcot quanto Freud se interessaram, a conjunção era manifesta e buscava uma homologia.

Mais de um século depois, os traumatismos se multiplicam para os sujeitos contemporâneos, a angústia está por toda parte, na superfície, mas somente a psicanálise se questiona, ainda, sobre seu eventual vínculo com o inconsciente.

Impõe-se uma dupla atualização com relação à natureza e à função do trauma na subjetividade. Em primeiro lugar, em função da evolução da ordem social, mas também em função dos avanços da psicanálise em um século e daquilo que Lacan lhe trouxe de novo.

Que historicamente tenham aparecido simultaneamente não deve mascarar suas oposições. Para a psicanálise, o trauma está na origem. Freud o pensa, em primeiro lugar, na origem da vida infantil, com efeito de sintoma para o neurótico, e, em seguida, generaliza: para o civilizado. Lacan, dando um passo adiante, dirá: para o falante. Trauma genérico, então, próprio do humano em geral e que, em todo caso, se refere ao sexo. Não há proporção [*rapport*] sexual. Genérico, mas cujas sequelas de sintoma são singulares, próprias a cada um, dada a função da posição fantasmática de cada sujeito. Vale dizer que, segundo a visão da psicanálise, a origem traumática não permite ao sujeito sair liberado e se manter completamente inocente diante do destino que ele erigiu para si. O sujeito é imanente a seu traumatismo.

O discurso contemporâneo inverte essa problemática. No fundo, "traumatismo" é um dos nomes que damos hoje às marcas subjetivas ou rupturas produzidas pela irrupção do infortúnio ou de um excesso vindos de fora, que assaltam o sujeito ou o seu corpo repentinamente, sem que possamos atribuir isso àquele que sofre as consequências com terror. O sujeito se refere, com razão, a algo real que cai em cima dele, algo real impossível de antecipar ou de vencer; em outras palavras, um real que exclui o sujeito, sem relação com o inconsciente ou com o desejo próprio de cada um, um real com quem ele depara e diante do qual, como se diz, o sujeito "não pode fazer nada" exceto sofrer as consequências, como tantos outros rastros que consideramos inesquecíveis.

E a série das conjunturas traumáticas é hoje muito ampla. Em primeiro lugar, traumatismos das guerras, cuja lista não para de crescer, apesar de todos os "nunca mais isso!"; traumatismos do terrorismo, das violências urbanas das grandes megalópoles, dos atentados sexuais, da reorganização constante do trabalho e também das grandes catástrofes da técnica, como Chernobyl, não esquecendo daquilo que chamamos de catástrofes naturais: inundações, erupções vulcânicas, terremotos, *tsunamis* etc., das quais seria possível pensar que surgem do mais real do real, sem sentido, sem Outro, fora da hipótese crescente da responsabilidade humana sobre os elementos da natureza.

Um desenvolvimento sem precedentes da literatura sobre o traumatismo – que colocamos no singular – e sobre os seus tratamentos possíveis. O conjunto de discursos está implicado: o da psiquiatria, o discurso das políticas de saúde, com todos os problemas que dizem respeito principalmente à indenização dos traumatizados pelas grandes catástrofes; a intervenção jurídica, quando se trata de resolver problemas relativos à responsabilidade.

Com relação à psicanálise, a inversão é completa. O discurso dominante se ocupa de traumatismos que não são sexuais, nem originários ou genéricos, que não têm nada de constitutivo, que são acidentes da história ao mesmo tempo coletiva e individual. A esses traumatismos, que é preciso chamar de contingentes, ele acrescenta uma suposta vítima inocente, que cai sob o julgo do *autómaton*, com efeitos pós-traumáticos que o liberam de toda implicação subjetiva, e à qual somente devem ser dispensados cuidados e reparação.

Evidentemente, há aí algo a se julgar e inclusive resolver quando o problema do tratamento se apresenta.

Vale ressaltar que a psicanálise, tal como entendo a psicanálise lacaniana, está ali lutando, luta ética contra toda concepção *psi* que, em sua condescendência bem-intencionada, faz do sujeito uma marionete da sorte. Trata-se de saber, especialmente para os psicanalistas, se o trauma que está no cerne do inconsciente, como segredo dos sintomas, é da mesma classe que os traumatismos que o discurso contemporâneo produz. Qual é a sua incidência nesses novos traumas?

A historicidade do tema do traumatismo, bem como a da angústia, indica por si só em que medida ele se relaciona com a ordem do discurso que regula os laços sociais, como também a subjetividade.

As experiências de horror (espanto, abusos) não esperaram por esta época. Mostrei até que ponto o pior sempre pode ser sublimado pelo discurso (conferir meu seminário *Declinações da angústia*).[1] O mais ínfimo olhar sobre a história mostra que não há excesso nos ataques de horror que um discurso consistente não possa domesticar, isto é, fazer aceitar, e até mesmo idealizar, valorizar. Mais perto de nós está a prova daquilo que enfrentam todos os loucos de deus, todos os purificadores étnicos, todos os *kamikazes* de todas as supostas boas causas... impávidas, mas justificadas em sua violência.

O problema no qual me detenho hoje é o seguinte: o que é isso que hoje condiciona essa generalização do traumatismo? O discurso atual, o de capitalismo globalizante, que não é mais o de Marx, nem sequer o de Freud, é angustiante e produtor de traumatismo.

---

[1] Soler, C. (2000-2001). *Declinações da angústia*. São Paulo: Escuta, 2012.

Por quê? É necessário responder à questão para saber como isso diz respeito aos psicanalistas.

Função dos discursos

Para responder é preciso partir novamente da função dos discursos. Todo discurso, passando pelo sujeito e seus semblantes, cria laço social, laço que substitui o laço da proporção [*rapport*] sexual que falta. Não é o real do gozo que faz laço, mas os semblantes. O discurso é, então, solução historicamente datada a uma a*ssexualidade*, solução criada pela relação social à falta de proporção sexual. Sobre esse ponto há uma divergência implícita de Lacan com relação a Freud. Este último não está longe de pensar, ao menos no *mal-estar na civilização* em que ele matiza, que se se goza mal, a culpa é da sociedade e de suas repressões. Lacan se opõe a essa tese. Não é culpa do discurso, mas do fato de ser falante, maldição que o discurso, antes, modera. Às quatro classes de discurso que ele distinguia – discurso do mestre, discurso universitário, discurso histérico e discurso analítico –, ele acrescentava um quinto, chamado de "discurso capitalista".

É um paradoxo chamá-lo de discurso, na medida em que ele mesmo está condicionado pela ciência e em que a ordem que ele estabelece não faz laço social; pelo contrário, ele o desfaz e ataca os semblantes. Há mais de cinquenta anos Lacan fez esse diagnóstico sobre a "fragmentação dos laços sociais".

Sobre este ponto há um debate Marx/Lacan, muito legível desde 1970 em "Radiofonia".[2]

---

2 Lacan, J. (1970). Radiofonia. In *Outros escritos*. Rio de Janeiro: Jorge Zahar, 2003, pp. 400-447.

Ali onde Marx fazia da exploração o traço distintivo do capitalismo, Lacan acrescentava este outro: a desvinculação; mutação do discurso do mestre, que questionava o mestre. Isso aconteceu há quase quarenta anos e em um contexto político completamente diferente. Seu distanciamento permite perceber o caráter quase premonitório dessa inovação conceitual. Não esqueçamos que, em 1970, o mundo não era como o de hoje. O bloco comunista não havia afundado ainda, o Muro não havia caído, a divisão direita/esquerda tinha outra consistência; era o mundo binário da Guerra Fria e da acusação recíproca dos dois sistemas. Uma anedota da época dizia muito a esse respeito: "O que é o capitalismo? É a exploração do homem pelo homem. E o comunismo, então? Bem, é o contrário!". Fala-se hoje de um capitalismo "descomplexificado", este não era o caso naquela época, e quando, desde 1965, Althusser escreveu *A revolução teórica de Marx* e *Para ler O Capital*, isso tinha por finalidade produzir um sobressalto e voltar a dar um novo impulso ao pensamento marxista. Atualmente, com o triunfo total do capitalismo liberal, sem vergonha alguma, a ideologia do benefício e da autopromoção não somente avança sem se esconder, mas também se idealiza e se apresenta como uma virtude.

Marx pensou o capitalismo como uma variante do discurso do mestre pré-capitalista, variante condicionada, segundo ele, pela Revolução Francesa e pela ideologia dos direitos humanos. Ele traz o par capitalista/proletário ali onde estava o do senhor e escravo, constrói um laço social renovado entre o corpo dos capitalistas e o corpo dos proletários. Isso acarretava a noção de luta de classes, com tudo o que implicava de comunidade de interesses: comunidade de interesses dos capitalistas, mas também dos proletários. Daí vem o *slogan*: "Proletários de todo o mundo, uni-vos!". À comunidade de interesse se acrescentava, além disso, a dos valores: a solidariedade de classe e o sonho do homem novo, ideal do coletivismo que não só seria liberto do jugo da exploração, como deixaria de ser cativo do desejo da apropriação abusiva.

É aí que a ideia de Lacan não é compatível com a de Freud. O capitalismo não é uma variante do discurso do mestre, ele não preside um novo laço social.

Lacan demonstra isso a partir de Marx, mantendo apenas dois elementos essenciais: a teoria da *mais-valia* e a *consciência de classe*.

Extraindo a mais-valia como causa do desejo do capitalista, Marx pôde precipitar a consciência de classe proletária, a qual deveria fazer passar do traumatismo das classes à esperança revolucionária sobre o tema do fim da exploração. Mas, ao mesmo tempo, ponto essencial na consciência de classe do proletariado, a mais-valia se constitui como objeto perdido, o objeto perdido do proletário, melhor dizendo, o objeto cotidianamente perdido; no entanto, não para todo mundo, uma vez que ele é subtraído, roubado. A partir daí, o objeto *a* se constitui, o qual deve ser recuperado por meio da revolução. Assim, a mais-valia, uma vez extraída sua noção, torna-se a causa do desejo não somente do capitalismo, como dizia Marx, mas a causa, cito, "da qual toda economia adquire seu princípio",[3] como causa do desejo para todos, entendendo-se aí todos os consumidores/produtores. Não podemos dizer "capitalista e proletário é o mesmo combate", já que é, antes, dissolução dos dois corpos supostos por Marx. Dizer isso nos anos 1970 era algo premonitório, uma vez que hoje chega a ser bem evidente. Comparem a Europa, na qual, em toda parte, se tenta persuadir os chamados trabalhadores a participar da expansão globalizada do capitalismo, trabalhando por mais tempo e por menos dinheiro...

---

3 Lacan, J. (1968-1969). *O seminário, livro 16: De um Outro ao outro*. Rio de Janeiro, Jorge Zahar, 2008. "Veremos como aquele que deu a essa economia sua primeira razão, Freud, a acompanha de perto" (p. 368).

Eis, portanto, a irônica homogeneização por causa do desejo, que Lacan tenta escrever no discurso capitalista.

Como isso afeta o laço social? Aquilo que hoje se chama de globalização de mercado, a qual, aliás, não rege toda a realidade, corresponde a um laço instituído, um laço, digamos, muito pouco social; o laço instituído de cada indivíduo, seja de onde for, com os objetos que Lacan chamou de mais-de-gozar, por analogia com a mais-valia. Objetos para produzir e consumir em um ciclo sem fim, cuja produção extensiva engendra solidariamente a insatisfação da falta de gozar. Nessa nova versão da ética dos bens, os produtos se transformam em causa comum – todos viciados em produtos. Eles o fabricam, mas não há laço. *Eros* não é convocado: associar-se com seus mais-de-gozar industrializados não é se associar com seu semelhante. Cada um dos quatro discursos usa seus semblantes para construir um par modelo no qual todas as relações se organizam: o par do mestre e do escravo, no qual podem se alojar relações de trabalho, amorosas, de geração; do professor que fornece saber e do estudante; da histérica e das diversas encarnações do significante mestre; por fim, do analista e do analisante. A causa capitalista não constrói nenhum par, não une os indivíduos entre si, mas cada um aos objetos e deixa, então, cada um reduzido a seu corpo – que é o que "proletário", no sentido antigo, queria dizer.[4] O par imaginado por Marx é substituído pelo consumidor generalizado. Assim, o alcance universalista da ciência passa para o real, ao passo que o sujeito da ciência se realiza individualmente em sua solidão.

---

4 De acordo com o *Dicionário Houaiss da Língua Portuguesa*, "na antiga Roma, [proletário era o] cidadão da última classe social, que não pagava impostos e era considerado útil apenas pelos filhos que gerava", donde o comentário da autora. [N. T. B.]

Já não se pode dizer, como Lacan dizia em 1958, que na fragmentação dos laços sociais a família é o resíduo último. O indivíduo é o resíduo último, não a família. O individualismo está implicado pela globalização e muito longe de se opor a ela. O mercado cria um "para todos", o que é perfeitamente anticoletivista. A causa da carência do Outro em que se compactuam todos os semblantes, a regulação da ordem capitalista se realiza sem eles, sem o um que unifica os valores. São as prescrições do mercado e de suas regulações econômicas as únicas que presidem a homogeneização dos modos de vida nas formas de uma rotinização instrumentada de acordo com a vontade dos objetos para serem consumidos. É um laço pouco social o que há entre cada sujeito e os objetos que lhe são propostos para gozar. Os direitos humanos são solidários ao capitalismo e seus prejuízos.

O proletário traumatizado

Em outras palavras: "cada indivíduo é realmente um proletário, isto é, não tem nenhum discurso com o qual fazer laço social",[5] diz Lacan em "A terceira". Proletário deve ser tomado no sentido pré-marxista, antigo: isto é, aquele que está fora do laço social, que, ao não estar inscrito sob nenhum semblante, tem somente o seu corpo com o seu mais-de-gozar. Na Roma antiga, o proletário, embora pobre, não era um explorado; era a classe sem recursos que, por isso, não podia participar de nenhum cargo, nem sequer no trabalho reservado ao escravo, e que, portanto, só contribuía com os filhos, digamos, com a produção da vida. Eram chamados de

---

5 Lacan, J. (1974). A terceira. Intervenção no Congresso de Roma – 31/10/1974-03/11/1974, publicada em *Lettres de l'École freudienne*, n. 16, 1975, pp. 177-203.

"os fazedores de filhos". Hoje, os "todos consumidores" estão a par com os "todos proletários".

Isso implica uma diminuição do limiar traumático, uma vez que cada um se sabe cada vez mais exposto sem a proteção contra as contingências dos maus encontros, sejam eles privados ou coletivos; cada vez mais exposto àquilo que Freud chamava de "situações de desamparo" que definem a situação traumática. Privado da gramática unificadora das concepções do mundo, das quais se assegurava o passado e com as quais se justificavam os abusos da guerra; o sujeito da era dos clipes, envolto em palavras e imagens fora de sintaxe, está cada vez mais exposto às surpresas do real, mais desprotegido diante dele. Portanto, traumatizável mais do que nunca.

Essa diminuição do limiar traumático me parece óbvia, e é isso que permite que o traumatismo se infiltre no cotidiano em si. Noções como a de estresse, por exemplo, que apenas renomeia a angústia, dissemina isso no cotidiano. E se olharmos mais de perto, vemos que os efeitos do chamado "estresse" são descritos – e pelos próprios sujeitos – como absolutamente homólogos aos efeitos classicamente descritos como os dos traumatismos: isto é, um sujeito forçado por uma situação da qual é impossível se abster, que o violenta, que o obceca, "que funde a cuca", como se diz agora, que lhe provoca insônias, até mesmo pesadelos, inibição e, inclusive, o faz recorrer a cuidados profissionais etc.

Outro exemplo: os "assédios" sexual e moral, muito em voga hoje em dia, são noções que fabricam um parceiro, causa de trauma cotidiano.

A ampliação da noção de "assédio profissional", que é diferente da tirania do trabalho e da exploração, constitui um índice muito seguro. Esse aumento é muito recente e caminha junto, curiosamente, com a melhoria das condições de trabalho, se as compararmos com as do início da era capitalista. Ela afirma, creio eu, a redução do laço propriamente social entre os sujeitos, restando somente a coabitação de corpos... proletários. E aí não é pensável uma união de corpos proletários. Pelo contrário, quando falta *Eros*, o que se mostra é até que ponto os humanos se "*in-suportam*".[6]

Essas noções elevam à dignidade do traumatismo fatos dos quais é possível dizer que são tão velhos quanto o mundo e que não são comparáveis com as violências que conheceram os séculos anteriores que, contudo, não haviam incluído a noção de traumatismo. Pode-se pensar naquilo que eram, por exemplo, as condições da classe operária no século XIX; Zola é exemplar neste ponto. No entanto, eles não estavam estressados, tampouco eram assediados, na medida em que não poderiam formular nesses termos a figura de seu infortúnio. Com relação ao que foi a impunidade do direito da pernada[7] através dos séculos, poderíamos compará-la com a assiduidade intempestiva de um superior hierárquico? Que desproporção! Percebe-se aí o caráter extremamente relativo, historicamente falando, daquilo que traumatiza e, nos dias atuais, baixou-se o limiar de forma manifesta. Sem dúvida, os direitos humanos não deixam aí de ter razão, uma vez que, com a sua extensão, acrescenta-se também a extensão do que se considera abuso. Não é então somente a quantidade que faz o excesso, mas os valores, ou melhor, a ausência de valores aos quais eles são vinculados. Assim vemos multiplicarem-se, paralelamente, os macrotraumatismos da história, com suas proporções inauditas, sem precedentes, como

---

6 Em francês, *s'insupporter*, que pode ser traduzido como "exasperar", "tirar do sério" ou "não se suportar". [N. T. E.]
7 *Direito da primeira noite* (em latim, *jus primae noctis*), também conhecido como *direito do senhor* ou *direito da pernada*, refere-se a uma suposta instituição que teria vigorado na Idade Média e que permitiria ao senhor feudal, no âmbito de seus domínios, desvirginar uma noiva na sua noite de núpcias. Entretanto, não existe prova documental acerca da existência real de tal direito. [N. T. B.]

todos os microtraumatismos do cotidiano. A partir de agora, todo atentado contra a homeostase individual constitui um trauma, é considerado como tal e lança ao desamparo, uma vez que ele inicia a união-desunião do sujeito e de seus objetos, e deixa o sujeito sem recursos.

As multidões proletárias[8]

Se não é "laço social", qual é, então, o *status* dos agrupamentos nos quais o capitalismo preside com propriedade?

Estabeleço, em primeiro lugar, que a massa freudiana, aquela que Freud descreve em *Psicologia das massas e análise do eu*,[9] estruturada como o discurso do mestre, não é produto do capitalismo. Os grandes totalitarismos do século XX certamente a descreveram no cerne do capitalismo, mas escolhendo a igreja ou o exército como modelo; Freud a localiza do lado dos dois séculos do capitalismo. A massa freudiana é uma massa consistente, unida, na qual o laço vertical de cada um com o chefe se une ao laço horizontal de cada um com cada um.

O capitalismo, como tal, aparentemente produz algo diferente em termos de agrupamento: é isso que eu chamaria de simples multidões ou aglomerações. Estas não têm a estrutura de um conjunto, não se baseiam no amor ao líder nem no traço ideal, são uma multiplicidade inconsistente que a imagem de um monte de areia ilustraria muito bem. Sartre pensava, antes, na imagem de ervilhas na lata. Um milhão de consumidores ou dez, não sei, não

---

[8] Em francês, *les agrégats prolétaires*. A tradução direta do francês pode ser "agregados" ou "aglomerações"; no entanto, a expressão pode ser traduzida também como "concentração", "multidão". [N. T. E.]

[9] Freud, S. (1921). Psicologia das massas e análise do eu. In *Obras Completas*, v. 15. São Paulo: Companhia das Letras, 2011, pp. 13-113.

é uma aglomeração típica, exceto pela *copresença*. Que só possamos contá-los é, aliás, um indício, como no caso das mulheres. Na copresença ou sem ela, o capitalismo agrupa sem que o laço da libido una. Produz-se como multidão uma espécie de grande corpo anônimo. E, mais ainda, produz-se acontecimento pelo número, pelo número de corpos agrupados. A justaposição dos corpos aqui e agora, o *hic et nunc* – não da sessão analítica, claro! –, essa justaposição me parece, ao mesmo tempo, um substituto à falta de laço e uma compensação pela presença à irrealização do virtual.

Um exemplo: entrevistou-se um jovem muito expressivo que estava na última grande reunião de San Pedro, em Roma, sobre sua fé e o Papa. Sua resposta surpreendeu: "Esse Papa só diz coisas estúpidas; com relação à fé, eu não tenho". Por que então ele estava ali? "Porque estávamos todos juntos, todos jovens (isto é, todos iguais), era bom estarmos todos juntos!". Prazer em ser numerosos! Aliás, isso vai mais longe. O número assumiu em nossos tempos uma função transferencial, devida precisamente à falta do Outro e a qual nem sempre esteve ali. Houve épocas em que se podia esperar que duas ou três pessoas excelentes em um canto distante do mundo fizessem uma descoberta ou uma obra importante para a civilização, mas isso já não acontece mais; hoje em dia é o número que convence. Existe um dito popular, que, segundo dizem, vem da África, embora não esteja muito certa disso, e não é muito refinado, mas é muito instrutivo: "Mil moscas não podem estar enganadas, a merda deve ser boa!"; expressão engraçada que indica, de forma clara, a função de sujeito suposto saber que o número atualmente tem adquirido.

Poder-se-ia falar de montagem-sintoma [*ensamblaje-síntoma*], unindo-os com um pequeno traço, para dizer que ele se constrói não a partir de semblantes, mas a partir de semelhanças ou de diferenças de gozo, digamos de gostos ou aversões compartilhados, sejam eles sexuais ou não. O gregário e o racismo dos sintomas presidem, assim, o agrupar-se que não utiliza um traço ideal, mas um mais-de-gozar como fator comum. Sem dúvida, essa ainda é uma resposta com poder dissociativo da causa capitalista; ela se manifesta como efeito de segregação, uma vez que a segregação é a única regulação dos conglomerados ou concentrações proletários. Não confundamos segregação e discriminação, e não reduzamos a segregação a suas formas impostas. Suas formas eleitas, escolhidas, no fim das contas, são muito mais instrutivas. A segregação é um modo de tratamento das diferenças, não simbólico, mas pelo real do espaço. Em outras palavras, é o tratamento por meio dos campos ou dos muros, e sabemos que só existem os dos asilos ou das prisões. Pensemos nesses bairros ricos, rodeados por altas grades e vigiados pela polícia em certos países, mas também não esqueçamos dos muros invisíveis que protegem os bons bairros de nossas regiões civilizadas há muito mais tempo. O campo é, no fundo, um agregado segregado ou autossegregado, no qual se encerram espécies de gozo.

Consequências éticas e subjetivas

Nessa nova ética de bens capitalistas, apenas um valor permanece: o sucesso na competição generalizada.

Ele repousa em uma nova forma de superego, não menos "obsceno e feroz", não menos gerador de angústia, que ordena que se goze, mas as formas são impostas pelas leis de consumo. Não temos mais a Voz Una do Outro, nem a voz da lei, nem a voz de Deus; os semblantes são desfeitos pelos efeitos da ciência; a partir de agora fragmentados e plurais, que pretendem em vão ao universal. Mas o superego que se conforma não está morto; ele se serve de outra sedução contando com a mola propulsora da competição narcisista, que estimula a cada um por meio do contágio de imagens-padrão e de *slogans*. Havia utilizado o termo *narcinismo*, condensando narcisismo e cinismo para expressar esse individualismo e o cinismo dos fins. Não é um cinismo ao estilo Diógenes, cujo gozo fixado se referia à subversão ética, a qual desafiava Alexandre, o senhor. Nem o narcisismo dos grandes ideais dos séculos passados.

Um cinismo por defeito, defeito de algum valor que transcenda as ofertas de gozo do discurso, mais que um cinismo de transgressão; na falta de grandes causas coletivas, religiosas, políticas, sociais, cada um é reduzido a não ter outra causa possível além da sua. É impressionante que hoje seja visto como legítimo, normal, que cada sujeito seja movido pelo gosto do benefício, da acumulação, e que além disso possa ficar orgulhoso disso; a combatividade, a rivalidade, o sucesso, a riqueza chegaram a ser os ideais. Olhem para o famoso casal dos vencedores e perdedores. A revista *Times*, por exemplo, apresenta a cada semana um pequeno *box* no qual ganhadores e perdedores olham de frente uns para os outros com suas fotos, e admiro toda vez essas duas caras sorridentes e iguais em sua vacuidade. Não é que não exista mais um valor, ou aspiração a algo que supere o indivíduo; buscam-se novas causas, isso é certo, mas elas estão a partir de agora marcadas por uma fragmentação plural, ao mesmo tempo esquizofrênica e segregativa, ao passo que a redução cínica é para todas as partes. [Peter] Sloterdijk, identificando-se com a subversão cínica do passado, tem toda razão ao imaginar que, se Diógenes retornasse hoje, ele não encontraria seus filhos.

No fundo, escolha forçada: ou o escabelo ou a depressão no mínimo, é a morosidade da época. No início de seu ensino, em 1948, Lacan estigmatizava "o grande zangão alado da tirania narcísica".[10] Certamente, era muito pejorativo diante do narcisismo e do imaginário, já que, como se sabe, o zangão não produz mel, apenas faz barulho, se contenta em zunir. O escabelo é um instrumento que permite estar efetivamente mais alto. Lacan se refere a isso em 1979,[11] para designar a maneira como cada um, cada sujeito – Joyce eminentemente, uma vez que Lacan falava dele nesse texto – se promove, se coloca em evidência, se eleva um degrau na escada da notoriedade, da importância. O escabelo não está longe do estrado, até mesmo do pedestal. Por que ele escolheu esse termo? No contexto, não duvido que tenha sido porque ouve-se o som "*est-ce cas beau*?"[12-13] Que aí se junta novamente ao registro da imagem narcisista. E se acrescentarmos um "h" a *escabeau* (escabelo), o "h" de homem, como ele faz, *hescabeau*, isso dirá que o *escabeau* faz o homem... de renome. Estamos longe da exaltação dos valores do simbólico; de fato, esse estado passou, em todo caso, para a opinião comum. Prova disso é aquilo que funciona hoje, e que muitas vezes evoquei, a saber, a suspeita generalizada. Há muito tempo, Nathalie Sarraute publicou o romance *L'ère du soupçon* [A era da suspeita]. A suspeita se refere, sobretudo, àquilo que se apresenta como exceção com relação à redução cínica. Atualmente, a suspeita se tornou certeza, e sabemos com

---

10 Lacan, J. (1948). A agressividade em psicanálise. In *Escritos*. Rio de Janeiro: Jorge Zahar, 1998, p. 124.
11 Lacan, J. (1979). Joyce, o Sintoma. In *Outros escritos*. Rio de Janeiro: Jorge Zahar, 2003, pp. 560-566.
12 Lacan joga aqui com o termo francês *escabeau* (escabelo) e seu som "*est-ce cas beau?*" – este caso é belo? [N. T. E.]
13 A frase "*Hissecroibeau à écrire comme l'hessecabeau sans lequel hihanappat qui soit ding! d'nom dhom*" [Lacan, J. (1979). Joyce le Simptôme. In *Autres écrits*. Paris: Éditions du Seuil, 2001, p. 565] foi traduzida ao português como: "*Helessecrêbelo, a ser escrito como o hescabelo, sem o qual nãohaum que seja doidigno dunome diomem*" [Lacan, J. (1979). Joyce, o Sintoma. In *Outros escritos*. Rio de Janeiro: Jorge Zahar, 2003, p. 560]. [N. T. B.]

que paixão se busca hoje a coisa obscena em todas as suas faces, surgidas um pouco da história: o impostor por trás do homem de convicção, o plagiador por trás do inventor, o adúltero no marido, o infiel no homem de fé etc. Além disso, não podemos ignorar que, curiosamente, Freud é um dos alvos favoritos de todo tipo de publicações para receber a homenagem indireta de nossos vigilantes retificadores no cinismo.

Resultados

Os efeitos são evidentes: precariedade, sem-sentido, solidão sem recursos.

Em primeiro lugar, a precariedade. A precariedade dos laços de família, amorosos, de emprego, isto é, dos laços possíveis no trabalho e também na vida; essa precariedade é uma das características de nosso tempo. Essa consciência da precariedade não existia há trinta ou cinquenta anos. George Orwell, em 1933, já descrevia em *Coming up for air*, traduzido para o português como *Um pouco de ar, por favor!*, a história de um personagem que assiste à oscilação entre dois mundos: de um mundo sem mudança para um mundo em ebulição, do qual emerge a consciência da precariedade.

E depois, o sentimento crescente do sem-sentido, que faz com que se recorra a "truques" reparadores, ao retorno de sabedorias; o budismo, tão em voga hoje, produz admiração entre outras religiões, das quais Lacan previu o retorno forçado. O sem-sentido é parte essencial do mal-estar, e é preciso dizer que os psicanalistas o vivem. Na verdade, muitos sujeitos vêm à análise não porque têm sintomas precisos, mas porque, com frequência, têm a sensação esmagadora da vacuidade de sua existência e do sem-sentido de sua vida. Isso é sinal, sem dúvida, de que falta o desejo; por isso Freud podia dizer que a razão pela qual um sujeito se questiona sobre o sentido da vida é porque ele está doente! Digamos doente por causa das vacilações da causa do desejo. O sentimento, em aumento, do sem-sentido é realmente um indício de que o mais-de-gozar produzido pela civilização, todos os seus *gadgets*, não conseguem estancar a aspiração humana... a outra coisa. A época dos traumatismos é, ao mesmo tempo, a era da solidão e do anonimato, da precariedade e, no fundo, do sem-sentido da nossa forma de gozo. Nesse contexto, o objeto da angústia não cessa de ser convocado e o sujeito está, seja submetido às angústias de competição superegoica, seja oprimido pelo "sentimento de nos reduzirmos a nosso próprio corpo",[14] sem outra opção.

É um fenômeno paradigmático: as crises de pânico recentemente mencionadas que se multiplicam. Freud se interessou pelo pânico, e construiu uma teoria partindo dos fenômenos de pânico na guerra. Essas crises jogam com a estranha submissão de cada um nas situações mais extremas; pânico quando o chefe desvanece por qualquer razão que seja. É o desaparecimento de um unificador que mantinha a tropa junta, que a dispersa e que faz desvanecer todos os laços em benefício de um "salve-se quem puder". Por causa da dispersão dos Uns, da carência de S_1 unificante, as crises de pânico atuais, embora tenham uma mesma estrutura de desenlace, têm, contudo, outra fenomenologia: o sujeito, nesse caso, é subitamente tomado pela sensação de sem-sentido, se percebe sozinho, perdido e como pura facticidade. Seria preciso também ver os pânicos bancários, uma vez que eles surgem também da ausência do Um regulador.

Como isso diz respeito à psicanálise?

---

14 Lacan, J. (1974). A terceira. Intervenção no Congresso de Roma – 31/10/1974-03/11/1974, *op.cit.*, pp. 177-203.

Para responder, é preciso primeiro ver como os dois discursos se situam um em relação ao outro.

O discurso capitalista, com seu ciclo infernal de produção/consumo, é, de fato, uma versão globalizada e circular da fantasia que a psicanálise revelou e revela em cada psicanálise, no coração do sujeito.

Ao introduzir, em 1970, as noções de "campo lacaniano" e de "discurso", este último definido como uma modalidade de laço social, Lacan abria um novo capítulo à incidência política da psicanálise no campo social, ressaltando que as expansões da libido não se limitam aos objetos individuais, mas que elas também animam o coletivo, algo que o próprio Freud já havia denominado como "formações coletivas". Lacan, assim, acrescentava implicitamente à famosa fórmula do "inconsciente estruturado como uma linguagem" a da realidade – a realidade dos laços sociais com a sua regulação dos gozos – estruturada pelo discurso.

O discurso capitalista é uma versão na qual os *gadgets* adquirem a mesma função que o objeto *a* ao qual eles dão substância, ao mais-de-gozar. Nesse sentido, é preciso entender que não é o avesso do discurso da psicanálise, como disse em outra oportunidade: esse discurso produz aquilo que o discurso analítico interroga, a saber, "um modo de gozo" específico, que Lacan situa sob o signo da "precariedade". Cito "Televisão", no final da resposta à pergunta V: "Somando-se a isso a precariedade de nosso modo, que agora só se situa a partir do mais-de-gozar e já nem sequer se enuncia de outra maneira".[15]

Os mais-de-gozar do capitalismo são então, em certos aspectos, uma variante do objeto *a* da psicanálise. O próprio Lacan

---

15 Lacan, J. (1973). Televisão. In *Outros escritos*. Rio de Janeiro: Jorge Zahar, 2003, p. 533.

evocou, em 1970, a ascensão ao zênite social do objeto, "designado por mim, pequeno *a*".[16]

Há uma solidariedade obscura entre o surgimento da psicanálise e o surgimento do discurso capitalista. Freud descobre, com grande esforço, os objetos das chamadas pulsões parciais no mesmo momento que os objetos do capitalismo começam a proliferar. Observem que os *Três ensaios sobre a teoria da sexualidade*,[17] que produziram um choque em 1905, hoje não causam o menor efeito, pois se banalizaram muito. Foi necessário quase um século de psicanálise e todos os esforços de Freud e Lacan para revelar o objeto da fantasia, esse objeto que foi por tanto tempo, e até mesmo no tempo de Freud, coberto pelos Ideais do Outro. Simultaneamente, o capitalismo percebia esse objeto de forma cada vez mais patente, e hoje ele quase já passou para a consciência geral.

Será preciso evocar uma cumplicidade? Certamente não; perguntemos, antes, como é possível isso? Como é possível que nos discursos, cujas éticas são tão opostas, Lacan podia considerar o discurso analítico como uma saída do capitalismo? Com efeito, o discurso capitalista é um discurso que empuxa ao gozo sob a forma do consumo; o outro, o discurso do analista, é um discurso que se pode dizer que empuxa ao saber, na medida em que ele interroga o gozo, submete o sujeito "ao problema do mais-de-gozar", aponta então para a revelação da fantasia que, em cada um, constitui o segredo de seus sintomas. Digo que o discurso capitalista é empuxo ao gozar, mas não se deve esquecer que um gozo situado com relação ao objeto *a* é um gozo que não satisfaz. Daí o contrassenso dos analistas que, ao constatar a busca patente de gozos, concluem

---

16 Lacan, J. (1969-1970). *O Seminário, livro 17: O avesso da psicanálise*. Rio de Janeiro: Zahar, 1992, p. 46. Dentre outros: "disso que eu chamo objeto *a*".
17 Freud, S. (1905). Três ensaios sobre a Teoria da Sexualidade. In *Obras Completas*, v. 6. São Paulo: Companhia das Letras, 2016, pp. 13-162.

que o desejo teve uma vida curta. Em todo caso, a calma melancoliforme da civilização do mais-de-gozar é falsa e mostra, antes, que *The land of plenty* [A terra da fartura],[18] segundo o título do filme, é também *The land of void* [A terra do vazio]. Daí o chamado ao psicanalista, se é que há algum que saiba responder e fazê-lo saber.

Que o objeto *a* possa ser o referente desses dois discursos tão opostos só se explica pelo fato de que esse objeto é um efeito de linguagem, não de discurso, e que os diversos discursos tratam justamente de forma diferente. Sobre esse tema, confiram o seminário sobre *A angústia*, no qual Lacan produz o essencial de sua teoria do objeto *a*.

O objeto *a* é, em primeiro lugar e antes de tudo, o objeto que falta, que não existe mais, que foi subtraído; Freud dizia que é o objeto originalmente perdido. A subtração está no princípio de todas as expansões da libido, da relação de objetos; essa é a razão pela qual Lacan o chama de causa do desejo: $a \to d$. Essa causa não é simples, tem uma substância corporal, oral, anal, escópica, invocante, mas isso não diz o objeto para o qual se aponta.

$$a \to d \to (?)$$

Esse objeto para o qual se aponta, eletivo e não anônimo, Lacan o chama, no seminário *A angústia*, de objeto historicizado, passado ao campo do Outro, isto é, o objeto no sentido da relação de objeto, no sentido do ou dos parceiros da realidade. Em 1975, ele acabará chamando-o de objeto sintoma, para dizer que ele é escolhido pela mediação do inconsciente, o que escrevo sintoma de *a* [a^s], para indicar seu duplo componente de gozo e de inconsciente.

---

18 *Land of plenty* (2004), exibido no Brasil sob o título de *Medo e obsessão*, é um filme do diretor alemão Wim Wenders que trata do clima nos Estados Unidos depois dos atentados de 11 de setembro de 2001. [N. T. B.]

$$a \to d \to a^s$$

A análise não revela ao analista os mais-de-gozar do mercado, mas que todos os seus laços, todos os seus amores enraizados em sua história, nas figuras de seus parentes, são governados pela fantasia fundamental, por sua relação singular, não anônima, com esse objeto *a* que falta desde a origem. "Tem-se um automóvel como uma falsa mulher", dizia Lacan. É com a finalidade de marcar a equivalência de todos os objetos em termos do mais-de-gozar, e que o capitalismo não sabe nada daquilo que preside nas escolhas do amor nem constrói nenhum semblante do casal...

Não obstante, todos sabem que não se muda de mulher-sintoma como se muda de carro, dado que ela é, se assim posso dizer, a eleita do inconsciente.

E se a psicanálise promete "a saída do rebanho", isto é, indiferenciação consumidora, não é que uma supressão do discurso capitalista se perfile, mas que uma análise pode produzir uma saída da ética competitiva, uma vez que ela aponta ao ser do *falasser* e aí não há competição, mas diferenças incompatíveis.

Seminário

1. Concepção freudiana de trauma

Hoje, já que se trata de um seminário, vou dedicar a minha primeira contribuição à teoria freudiana do traumatismo. Acho que posso dizer teoria freudiana no singular, apesar de, se olharmos o conjunto da obra de Freud, podermos encontrar tempos e afirmações diversos, e até mesmo contraditórios. Mas se seguirmos o fio condutor – e seguir o fio condutor não é apenas captar algumas citações – se seguirmos o fio condutor podemos ver que Freud conseguiu produzir uma teoria precisa e definitiva do trauma. Então, vou tentar dar a vocês uma ideia de seu percurso tal como eu o leio.

O problema é que, na psicanálise, o trauma não é nada além de uma hipótese. O que não é hipótese, que se apresenta no nível clínico, patente, evidente, são os sintomas, as angústias, podemos dizer também o sofrimento e o mal-estar dos sujeitos.

A *hipótese da sedução*

A noção de trauma se apresentou como a primeira hipótese para explicar de onde vêm os sintomas, e como a primeira resposta, bem simples, para a pergunta "por que o sintoma?", ou, se preferirem, "por que sua filha está doente?", "por que sua filha está tão mal?"; a resposta é "porque ela foi traumatizada". E a princípio o termo trauma, então, designa algo que aconteceu de maneira acidental na vida, porque algo adveio, "ela foi seduzida pelo pai", como diz Freud. Agora dizemos abusada. Vocês podem ver o salto das conotações entre "foi seduzida" e "foi abusada". Trata-se, na primeira ideia, de uma causa exógena sob a forma de um acidente na história, então algo contingente; poderíamos dizer que a primeira ideia é: "Ela está doente por culpa dos acidentes de sua história".

Mas, tempo dois, Freud se atreve a dizer que tudo era inventado, tudo... O trauma era fantasmático. E aqueles que leem Freud metodicamente poderão ver na *Carta 69 a Fliess*, de 1897, o primeiro momento, a primeira mudança na concepção de Freud, quando ele escreve: "Não acredito mais em minha neurótica".[1] Sua neurótica designa precisamente a teoria que dizia que na origem do sintoma estava a sedução. Então, a primeira descoberta: o trauma era a máscara da fantasia, e é verdade que na psicanálise, quase desde o princípio, poder-se-ia dizer que o trauma encobriu a teoria da fantasia.

Mas isso é uma guerra, uma guerra teórica entre trauma e fantasia. Essa guerra nunca foi vencida, e a primeira doutrina, a do trauma como exógeno, sempre voltou sob diversas formas; e não faz muito tempo que um homem chamado Jefferson Mason voltou

---
1 Masson, J. M. (ed.). (1986). Carta de 21 de setembro de 1897. In *A correspondência completa de Sigmund Freud para Wilhelm Fliess – 1887-1904* (pp. 265-267). Rio de Janeiro: Imago.

à teoria da sedução, dizendo que Freud estava errado, pois se tratava justamente de uma sedução efetiva, de um abuso.

Bem, aqui há implicações éticas desde o início, porque se é algo acidental, que vem de fora, o sujeito não pode ser pensando como responsável, mas se for uma fantasia, então sua implicação subjetiva, como se diz, vai ser diferente. Além disso, desde o princípio, com a descoberta do trauma imaginado, imaginado pela paciente – coloco no feminino porque eram as histerias femininas –, levantava-se o problema de saber, em tudo isso, onde está o real. Obviamente, é Lacan quem conceitualizou a distinção entre imaginário, simbólico e real, mas a questão se encontra desde a origem, e podemos ver que Freud, apesar das primeiras perplexidades, quando descobre a invenção do trauma na paciente, retorna finalmente em 1926 para a hipótese traumática, com outra definição de trauma, evidentemente, mas sua tese definitiva com relação à etiologia das neuroses e dos sintomas é a hipótese traumática. Toda neurose tem origem traumática: essa é a tese definitiva.

Vou seguir o caminho agora. O caminho de Freud é o seguinte: origem traumática, tempo um; fantasmática, tempo dois; e, por fim, tempo três, origem traumática de novo, mas definida de outra forma. Obviamente, o problema, quando falamos de causalidade traumática, é a necessidade de saber o que é trauma. Esse é um tema interessante para se acompanhar, não somente em Freud, mas depois em Lacan, e nos psicanalistas que chamamos de pós-freudianos.

Vocês sabem que para se formar como psicanalista é preciso estudar muito, inclusive os pós-freudianos, que são esquecidos com o passar do tempo. Podemos constatar que todos depois de Freud e antes de Lacan, todos buscam uma ruptura originária para prestar contas dos infortúnios neuróticos, mas todos se dividem quando se trata de dizer o que faz a ruptura.[2] Confusão de línguas, diz Ferenczi; trauma do nascimento, segundo Otto Rank; Michael Balint, falta básica; e Winnicott, mãe insuficientemente boa; então, isso é interessante, pois cada um tem sua pequena elaboração sobre a ferida do trauma no princípio.

Deixo isso de lado e me concentro em Freud. Para captar a evolução de Freud há um texto muito útil, as *Conferências introdutórias à psicanálise*, de 1917.[3] Ele é interessante porque se trata de um texto que não é de elaboração, mas um texto de transmissão didática, isto é, em que o próprio Freud resume 25 anos de trabalho.

Na metade de seu caminho, ele resume a tese da primeira parte, desde o abandono da teoria da sedução, passando por *Totem e tabu*,[4] que postula em 1912 um trauma histórico constituinte situado na origem não só da neurose, mas também da humanidade, até a data de 1917. Na parte três, há uma parte dedicada ao que ele chama de *teoria geral das neuroses*, na qual ele fala do trauma e de sua concepção de trauma naquele momento. Obviamente, há uma afirmação fundamental: o trauma é sempre de natureza sexual. Isso nunca foi discutido por Freud e é a tese essencial na psicanálise. De fato, as cenas, as lembranças convocadas na associação livre do paciente, que dão as chaves dos sintomas, são sempre sexuais. Na verdade, a natureza de sexual do trauma não é um problema em si mesmo, ele se torna problema somente se quisermos – e acho que Freud queria, me parece – fazer uma teoria unitária dos sintomas, ou seja, que valha para o trauma original sexual, íntimo no inconsciente, e para os traumas da civilização, que, aparentemente, não têm nada de sexual em si mesmos. Veremos isso.

---

2 *Effraction* em francês. [N. T. E.]
3 Freud, S. (1916-1917). Conferências Introdutórias à Psicanálise. In *Obras Completas*, v. 13. São Paulo: Companhia das Letras, 2014, pp. 14-613.
4 Freud, S. (1912). Totem e tabu. In *Obras Completas*, v. 11. São Paulo: Companhia das Letras, 2012, pp. 13-244.

Uma fantasia de trauma?

O problema começa quando Freud descobre – como já disse – que essas cenas, essas lembranças, não só geralmente são incompletas, furadas, ocas, então incompletas, mas, sobretudo, muitas vezes falsas, falsas lembranças. Aqui Freud se detém, se surpreende e deve concluir: o trauma imaginário, apesar de não ser a última palavra, é uma palavra que tem grandes implicações, porque se aquilo que o paciente diz, se aquilo que ele apresenta como lembrança, não é nada além de fantasia, que confiança podemos ter no testemunho do analisante sob transferência? E toda a questão da memória está presente nesse problema, tanto o inconsciente enquanto memória – o conjunto de inscrições indeléveis – quanto a memória desperta, pré-consciente, como se diz, e especialmente a memória dos ditos, lembranças infantis, alojadas no coração da subjetividade e que cada um relata sempre com comoção e como algo que aconteceu. Gostaríamos de poder tratar essas lembranças como documentos, arquivos individuais, mas a mentira sobre o trauma, sobre a sedução, indica que os arquivos eram falsificados.

Esse problema tem toda a sua terrível atualidade hoje em dia, uma vez que estamos em uma época em que, como sabem, muitos crimes são estabelecidos passando somente pelo testemunho; por exemplo, os crimes de abuso sexual se estabelecem por meio do testemunho da suposta vítima, e quando essas são crianças pequenas é realmente um problema, ou das mulheres supostamente abusadas ou da esposa maltratada. Bem, talvez vocês tenham ouvido o que acabou de acontecer na França, algo terrível, dez pessoas na prisão, para alguns até três anos antes do julgamento, e todos ou quase todos inocentes. No final, todos os testemunhos das crianças que haviam argumentado sobre dita culpabilidade eram totalmente falsos, e obviamente isso também colocou em questão os juízes, a justiça e os psicólogos que diziam que a criança não mente.

Um drama terrível. Anos antes também vimos nos Estados Unidos uma epidemia de julgamentos contra os pais, sob a rememoração de algumas mulheres que, décadas depois, se lembravam do abuso de sua infância, e, em seguida, também um monte de pais na prisão; por fim, as coisas foram reavaliadas. Vemos, então, muitos eventos que indicam que há aí uma dificuldade.

Freud formulou bem o problema no capítulo que evoco de *Conferências introdutórias à psicanálise*.[5] Depois de chamar a atenção para as cenas infantis, ele anuncia aquilo que ele próprio chamou de coisa surpreendente, perturbadora. Ele diz que cenas infantis não são sempre verdadeiras, e acrescenta que isso não seria um problema se comprovássemos também que não são sempre falsas, isto é, são uma mistura dos dois. E o que Freud conclui com toda a certeza, como sempre? Conclui que é melhor não se perguntar se algo aconteceu ou não, isto é, deixa de lado o problema da exatidão. Então, isso nos indica claramente que Freud, ao deixar de lado a hipótese do abuso no princípio, não deixa de lado a ideia de trauma na origem. Ele vê que a teoria da sedução era falsa, mas isso não elimina a hipótese da infância traumática.

Agora é uma ideia totalmente comum, fora da psicanálise, presente em todas as mentes: o que não anda da infância é mais ou menos postulado como trauma. Por fim, o que Freud havia descoberto, sem saber talvez naquele momento, é o fato de que, nas neuroses, a fantasia é uma fantasia de trauma, não é acidental, é algo típico da neurose. Quando digo fantasia, não falo somente das fantasias, dos sonhos diurnos, essas fantasias são geralmente fantasias narcísico-fálicas, falo da fantasia no singular, isto é, a significação fundamental que ordena todas as relações do sujeito neurótico com seu mundo e os demais, e, com relação a essa fantasia

---

5 Freud, S. (1916-1917). Conferências introdutórias à psicanálise, *op. cit.*, pp. 475-500.

fundamental, como diz Freud, os dados históricos são somente pretextos; o que não quer dizer que os dados não existem, eles existem, mas a causalidade não reside inteiramente nesses dados.

Aqui podemos perguntar: se a fantasia é fantasia de trauma, por que há essa imaginação do pior, quando sabemos que o terror diante do espanto não atravessa todas as biografias, até mesmo a imaginação do pior é mais forte nos sujeitos que tiveram uma infância tranquila? Temos um pequeno exemplo bem conhecido, a fantasia *"Batem numa criança": contribuição ao conhecimento da gênese das perversões sexuais* (1919).[6] A fantasia de "bate-se numa criança" não é a imaginação de um trauma; no entanto, é uma representação de maus tratos sobre a criança. Essa fantasia "bate-se numa criança", bastante geral, sabemos agora de onde Freud a tirou. Ele a tirou da análise de uma menina que teve uma educação bem tranquila, que nunca apanhou, e era sua própria filha, Anna Freud. É a partir da análise de Anna Freud que temos a análise da fantasia "bate-se numa menina". Sabe-se disso agora.

Bem, o outro problema que surge ao lado de "por que alguém imagina o pior" é que Freud descobre que as cenas das quais falamos são cenas típicas, ou seja, transindividuais, apesar de sabermos que as biografias são peculiares, cada um com sua pequena história. E Freud[7] estabelece a lista dessas cenas típicas supostamente traumáticas, e vemos que a imaginação é bem reduzida, como diz Lacan. Freud extrai três cenas: a sedução, o coito entre os pais, isto é, uma cena de relação de corpo a corpo entre os pais, e a castração, isto é, a ferida corporal. Três, então, e nunca vai mudar essa série de três, na qual vemos que não se trata das pulsões

---

6 Freud, S. (1919). "Batem numa criança": contribuição ao conhecimento da gênese das perversões sexuais. In *Obras Completas*, v. 14. São Paulo: Companhia das Letras, 2010, pp. 293-327.
7 Freud, S. (1916-1917). Conferências introdutórias à psicanálise, *op. cit.*, p. 490.

parciais; trata-se, nas três, de que o corpo a corpo está em jogo: corpo a corpo na sedução, corpo a corpo no coito e, no nível da castração, o instrumento do corpo a corpo. Essas são as fantasias que ele chama de primitivas, típicas, e é aqui que ele conclui, depois de um tempo de perplexidade, de idas e vindas, dizendo que o resultado é o mesmo se ocorreu ou não, o resultado é o mesmo. Isso é uma afirmação fantástica se pensarmos bem por quê. Agora estamos acostumados, mas se tomarmos as coisas em seu frescor, isso é fantástico, porque se levarmos isso a sério significaria todo o poder do imaginário, significaria que a incidência do real sob a forma daquilo que advém não importa. A afirmação parece propor um imaginário traumático tão forte quanto o real. E Freud deve perceber o problema, porque ele termina o capítulo com uma página dedicada à fantasia, em alemão *fantasi*, em português traduziríamos por "imaginação", o que não é o mesmo que imaginário. Entretanto, é o trauma imaginado que permitiu a Freud afirmar o que ele chama, algumas linhas depois, de "a outra realidade", outra realidade que ele chama de "a realidade psíquica",[8] e dizer realidade psíquica é uma maneira de dizer que não é somente imaginação. E é verdade que, na prática, quando nos asseguramos com um sujeito de que uma lembrança era falsa, estamos certos de que uma fantasia estava presente. Então, entre uma realidade psíquica que se distingue da realidade comum, como se opõem exatidão e verdade? O que chamamos com Lacan de verdade, e com Freud também: a verdade se encontra do lado da realidade psíquica, a exatidão, do lado da realidade comum, e se dividem como se dividem o além do princípio de prazer do lado da realidade psíquica e do lado da realidade comum o princípio de prazer.

---

8 *Ibid.*

Em direção ao real

A partir daqui, gostaria de mostrar como Freud tenta reintroduzir algo mais real, mais real que as fantasias, incluindo aquilo que ele chama de realidade psíquica, e acho que ele faz isso com duas ou três noções. A primeira consiste em dizer que, sigo Freud textualmente, "na lembrança traumática, seja ela imaginária ou não, há uma fixação libidinal. A lembrança tem sua força na fixação libidinal" – ele diz isso explicitamente – "é fixação na sexualidade infantil, ou seja, nas tendências parciais e nos objetos da infância".[9] Com a noção de fixação, não estamos mais no imaginário. Fixação designa um modo de satisfação, agora dizemos modo de gozo efetivo. Obviamente, o termo "fixação" implica o tempo do desenvolvimento, e Freud[10] utiliza aqui o vocabulário do desenvolvimento, mas podemos conservar o tema extraindo-o da teoria do desenvolvimento, uma vez que quando se fala de fixação, falamos das preferências, dos gostos pulsionais de cada sujeito. Sabemos que em todos os sujeitos há todas as pulsões, mas sabemos também que para cada um há prevalências dominantes diferentes – oral, anal, escópica, invocante –, portanto fixação designa um modo de gozo pulsional que se aloja na lembrança infantil, independentemente de isso ser exato ou não.

---

9 Freud, S. (1916-1917). Conferências introdutórias à psicanálise, *op. cit.*, p. 492. "A impressão que se tem é de que tais acontecimentos infantis são, de alguma maneira, necessários, de que são integrantes essenciais da neurose. Quando se acham na realidade, muito bem; quando a realidade não os fornece, são produzidos a partir de sugestões e complementados pela fantasia. O resultado é o mesmo, e até hoje não logramos estabelecer nenhuma diferença em suas consequências, quer a maior contribuição para esses acontecimentos tenha vindo da fantasia ou da realidade."
10 Freud, S. (1916-1917). Conferências introdutórias à psicanálise, *op. cit.*, p. 483-495.

Segundo ponto, Freud se pergunta o que determina a fixação, que determina os gostos pulsionais de cada um? Ele responde atribuindo dois fatores: um, as disposições inatas, e, por outro lado, os acidentes da biografia, e aqui vemos voltarem os acidentes da biografia. Então, disposição inata ou constituição, que é aquilo que não depende da história, que depende das disposições próprias, poderíamos dizer a natureza, por um lado; por outro, a história, as diversas conjunturas, o que aconteceu ou não com um sujeito. Freud fala aqui de uma causalidade dupla, na qual se misturam o peso da natureza e o peso da história, que formam o que ele chama de "séries complementares".[11] Mas podem ver que não há nada imaginário nem de um lado nem do outro; os dois, disposições e acidentes, pertencem, antes, ao registro do real.

Freud poderia se concentrar aqui em sua argumentação, mas não, ele não o faz. Em terceiro lugar, ele tenta algo mais, uma espécie de arqueologia das disposições inatas, referindo-as à filogênese, e retorna à ideia de que são as primeiras experiências da humanidade, no passado, que são transmitidas sob a forma das constituições sexuais hereditárias. O que quer dizer que as próprias disposições constitucionais não pertencem à natureza, elas provêm da herança da história, são traços deixados por nossos ancestrais distantes. Então, há algo que vem de um real histórico, vamos dizer. Mas Freud não para por aí, ele diz que essas características foram, elas próprias, adquiridas um dia, porque sem aquisição não há herança. Então, vemos como Freud, em primeiro lugar, afirmou algo inato no nível individual – inato quer dizer que não se pode explicar subjetivamente, quando dizemos "é inato", dizemos "é assim" –, em seguida, ele trabalha para mostrar que o inato na realidade é adquirido, é um traço das contingências da história da espécie. Bem, podemos pensar que não se trata de nada além de uma pequena elucubração

---

11 Freud, S. (1916-1917). Conferências introdutórias à psicanálise, *op. cit.*, p. 481.

freudiana, por que não? Freud insiste em dizer que, evidentemente, há um problema, ele percebe isso, as constituições sexuais que constatamos são diversas, mas como uma experiência no princípio da humanidade pode produzir constituições tão diversas? Ele responde em *Moisés e o monoteísmo* (1937-1939)[12] – preciso de tempo para chegar até a conclusão – que as experiências primitivas já deviam incluir toda a variedade individual que constatamos agora, isto é, constituição inata hereditária, mas em sua diversidade.

Essa é uma hipótese pouco convincente, ou ao menos aleatória; mas o interessante é que, aquilo que Freud busca ao construir tudo isso, o que ele busca é patente, ele busca algo real, no sentido daquilo que advém por trás do imaginário, por trás da fantasia. Utilizo o termo real aqui no sentido banal, no sentido daquilo que advém sem participação subjetiva.

A limitação do poder causal do imaginário, então, que parecia total a princípio, inscreve-se de dois lados, com a noção de fixação a uma organização pulsional que está no nível, eu diria, do real do gozo, e, por outro lado, o que vou chamar, por analogia, de fixação à história primitiva. Conclusão implícita, se um núcleo de representações traumatizantes se encontra em todo o cerne da subjetividade é porque o trauma realmente ocorreu, e o imaginário, então, não é nada além de rastro do real.

Em 1917,[13] então, temos a série que condiciona o sintoma: primeiro, a lembrança traumática, que inclui a fixação pulsional e que, enquanto típica, é rastro do passado; tempo dois, recalque, desaparecimento da representação; tempo três, retorno do recalcado no sintoma. Esse é um esquema bastante simples.

---

12 Freud, S. (1939). Moisés e o monoteísmo. In *Obras Completas*, v. 19. São Paulo: Companhia das Letras, 2018, pp. 13-188.
13 Freud, S. (1916-1917). Conferências Introdutórias à Psicanálise, *op. cit.*, pp. 475-500.

Nos passos que seguem, distingo duas etapas: uma, em 1920, *Além do princípio do prazer*,[14] e, sobretudo, em 1926, *Inibição, sintoma e angústia*.[15] *Além do princípio do prazer* (1920) é um texto imenso, extraordinário, do qual extraio aquilo que se refere a meu tema de hoje; nesse texto, temos o ápice de uma problemática formulada em termos puramente econômicos do trauma, e, de fato, ele dá uma definição de trauma, não se pergunta se algo aconteceu ou não, se foi história, se foi natureza, ele dá uma definição em termos de quantidade de excitação impossível de domar, de dominar. Essa definição não é completamente nova em 1920: já nas *Conferências introdutórias à psicanálise* (1917)[16] ele havia dito que o termo traumático não tem outro sentido além do econômico, isto é, uma quantidade de excitação que não é possível conter e, por isso, a compulsão à repetição entra em ação quando não se pode conter a excitação. Como se contém uma excitação normalmente? A excitação é contida, diz Freud, por meio dos rodeios do discurso. Isto é, a excitação é contida derivando-a de representação em representação – algo a que retornarei um pouco adiante. Bem, quando ela não pode ser contida, entra em ação a compulsão à repetição, como sabem, e Freud, então, insiste muito em dizer que a primeira tarefa do psiquismo é dominar a sensação de desprazer e entrar no princípio de prazer.

Obviamente, uma definição de trauma no nível econômico é uma definição que agora diríamos estar no nível da economia do gozo; o vocabulário mudou um pouco, mas é a mesma ideia. Freud, além disso, distingue – não entro no tema porque vou perder tempo e tenho mais para dizer – as excitações que vêm do exterior e a

---

14 Freud, S. (1920). Além do princípio do prazer. In *Obras completas*, v. 14. São Paulo: Companhia das Letras, 2010, pp. 161-239.
15 Freud, S. (1926). Inibição, sintoma e angústia. In *Obras completas*, v. 17. São Paulo: Companhia das Letras, 2014, pp. 10-98.
16 Freud, S. (1916-1917). Conferências introdutórias à psicanálise, *op. cit.*, p. 367.

excitação interna; aqui podemos ver que isso corresponde bastante à distinção entre trauma sexual e trauma da civilização, porque a excitação interna é excitação sexual e temos as excitações que podem vir do exterior como as agressões diversas ao corpo vivo. E ele se interessa especialmente, é claro, pelas excitações internas, porque para as excitações externas, ao contrário das internas, há a possibilidade de defesa mínima que é a fuga, que permite a construção de uma distância de qualquer maneira. Com excitações internas, se o aparelho do discurso – para nós, se o simbólico – não entrar em ação, não há defesa possível, e aqui Freud localiza a razão fundamental da insistência repetitiva dos infortúnios da infância. As excitações infantis, impossíveis de dominar, impossíveis de suportar, se repetem – não vou dizer que retornam, porque o que retorna é o recalcado –, mas se repetem. Convido vocês a reler as páginas de *Além do princípio do prazer* (1920),[17] que Freud dedica às neuroses de transferência, e as páginas nas quais ele fala de uma forma impressionante da infância; a ressonância dessas páginas vai muito além daquilo que ele dizia em *Conferências introdutórias à psicanálise* (1917),[18] em que, como eu já disse, ele evocava as três cenas traumáticas – sedução, coito parental, castração –, mas em um estilo bastante teórico abstrato, que não comove ninguém. Aqui, em *Além do princípio do prazer* (1920),[19] Freud enumera com uma nuance patética, muito rara sob sua pena, ele evoca os infortúnios da infância e enumera primeiro a busca de satisfação pulsional que fracassa e deixa seu rastro no sentimento indelével de inferioridade, e anuncia um destino de fracasso no início da vida. Segundo, o amor que será necessariamente decepcionado e, além disso, traído com a vinda de outras crianças rivais, e que deixa um grande sentimento de desdém, que se torna a lei do sujeito. Portanto, destino

---

17 Freud, S. (1920). Além do princípio do prazer, *op. cit.*, pp. 161-239.
18 Freud, S. (1916-1917). Conferências introdutórias à psicanálise, *op. cit.*, p. 490.
19 Freud, S. (1920). Além do princípio do prazer, *op. cit.*, pp. 179-181.

de fracasso, destino de desdém, mas isso não basta: ele acrescenta algo de que não se fala mais hoje, e poderíamos nos perguntar por que Freud evoca o esforço que a criança faz, com uma seriedade realmente trágica, para procriar uma criança e que culmina na humilhação. Então, vem a descrição da infância: fracasso, decepção, traição, humilhação. Freud apresenta todas essas dores como inevitáveis e necessárias, o que quer dizer independentes dos cuidados de uma boa educação, e isso por dois motivos: porque as exigências da criança, suas demandas, suas exigências pulsionais na direção dos objetos edípicos são, cito Freud,[20] "incompatíveis com a realidade", a realidade que inclui a Lei, mas, segundo motivo, até mesmo se não houvesse a proibição, o desenvolvimento corporal da criança seria insuficiente para que suas aspirações pulsionais sexuais encontrassem uma satisfação.

Assim, vemos que, em primeiro lugar, Freud não convoca de forma alguma uma culpa dos pais; essa questão da culpa dos pais é algo completamente ausente em Freud, não de todo, mas no nível da problemática sexual ele nunca evoca o adulto insuficiente, a má mãe, o pai que se enfraquece, isso é algo que aparece nos pós-freudianos, mas não se encontra em Freud. Segundo ponto, é evidente que ele procura a causa fundamental da origem do lado daquilo que vou chamar de "o impossível", não uma contingência, mas um impossível, impossível porque há a Lei, impossível porque o corpo não se encontra suficientemente desenvolvido. Isto é, ele busca a causa fundamental, em nossos termos, ao mesmo tempo do lado do organismo – o real do organismo – e do lado do Outro.

Freud[21] prossegue com uma página em que fala da transferência. E podemos dizer que é engraçado, pois ele nos explica que na transferência vamos assistir à repetição de todas essas dores da

---

20 Freud, S. (1920). Além do princípio do prazer, *op. cit.*, p. 179.
21 Freud, S. (1920). Além do princípio do prazer, *op. cit.*, p. 181.

origem, a repetição será animada pelas mesmas pulsões da origem e não vão levar a nada, de fato, não haviam levado a nada na infância, e não vão levar a nada na transferência; quer dizer, não vão levar a nenhuma satisfação da ordem do prazer. Freud está dizendo que a transferência, enquanto repetição, não faz nada além de repetir inexoravelmente as infelicidades da origem, e entendemos, então, que se na transferência existisse somente repetição, a psicanálise programaria o impasse. Esse seria outro tema.

Com isso, o que nos resta da referência à fantasia? Quase nada: o par trauma/fantasia foi substituído pelo par trauma/repetição, duas ocorrências do real, que não excluem a presença da fantasia, mas que implicam, até mesmo na dimensão fantasmática, a excitação em excesso. E, assim, posso concluir que a incrível fórmula de 1917, que dizia "imaginário ou não, pouco importa",[22] encontrou aqui seu fundamento convincente, na medida em que, nos dois casos, quer imaginado ou não, o trauma provém do real.

Esse não foi o último passo de Freud. O último passo é *Inibição, sintoma e angústia* (1926),[23] e aqui encontramos algo realmente definitivo em Freud, e definitivo, mais além, enquanto definição do trauma. A ênfase no real é maciçamente confirmada. O ponto essencial nesse texto é a inversão da teoria da angústia. Freud, que havia proposto primeiramente que a angústia era consequência do recalque, diz "estava errado" – é muito raro um inventor que aceite dizer que estava errado – e inverte a tese. Ele diz o oposto: a angústia é causa do recalque. Ele constrói, então, uma série: angústia, recalque, sintoma. Bem, o capítulo da causa da angústia se abre aqui, Freud vai construir a série completa: trauma, angústia como consequência – afeto do sujeito como consequência do trauma –, recalque, sintoma.

---

22 Freud, S. (1916-1917). Conferências introdutórias à psicanálise, *op. cit.*, p. 492.
23 Freud, S. (1926). Inibição, sintoma e angústia, *op. cit.*, pp. 10-98.

A neurose, traumática

Por fim, Freud constrói sua teoria do trauma nesse texto, e sobretudo no anexo de *Inibição, sintoma e angústia* (1926).[24] A angústia, diz Freud, responde a uma situação de perigo, de um perigo que ele mesmo qualifica como *real*. Qual é o perigo? Sobre esse ponto, o texto retoma a tese anterior: o perigo é o aumento da excitação corporal ou psíquica, impossível de se dominar, isso é o perigo subjetivo, aumento de uma excitação que o sujeito não pode nem suportar nem regular. A angústia é, então, efeito do afeto do confronto com esse perigo. Freud se refere aqui ao trauma do nascimento – mas deixo isso de lado. Ele ressalta duas coisas: primeiro, o perigo real pode ser atual, neste caso ele o chama de angústia real – *Real Angst*, em alemão. O encontro com o perigo atual produz uma angústia real. Segundo, o perigo pode não ser atualizado, somente rememorado, e, neste caso, há a ideia de um perigo possível e, consequentemente, tem-se o que ele chama de "angústia sinal",[25] que não é *Real Angst*, e é uma angústia que tem a função de preparar o sujeito para o perigo. A angústia sinal é o remédio para a surpresa que inclui o trauma: ela prepara para o perigo. E tudo isso leva Freud a definir no anexo de *Inibição, sintoma e angústia*,[26] por fim, aquilo que ele chama de

---

24 Freud, S. (1926). Inibição, sintoma e angústia, *op. cit.*, pp. 76-92.
25 Freud, S. (1926). Inibição, sintoma e angústia, *op. cit.*, p. 82.
26 Freud, S. (1926). Inibição, sintoma e angústia, *op. cit.*, p. 86. "Avançaremos mais se não nos contentarmos em fazer a angústia remontar ao perigo. Qual é o núcleo, o significado da situação de perigo? É claramente a avaliação de nossa força em comparação com sua grandeza, a admissão de nosso desamparo em relação a ela: do desamparo material, no caso do perigo real; do desamparo psíquico, no caso do perigo instintual. Nosso julgamento será guiado pelas experiências tidas verdadeiramente; se ele erra na avaliação, é algo indiferente para o resultado. Chamemos traumática tal situação de desamparo vivida; teremos um bom motivo, então, para distinguir a situação traumática da situação de perigo."

a situação experimentada, não imaginada, de desamparo (em alemão, hilflosgiskeit, *em francês,* détresse, *em inglês,* helplessness), *vivida, de desamparo no qual o indivíduo avalia a debilidade de suas forças diante do perigo, avalia a si mesmo como incapaz de dominar o perigo, especialmente no nível do trauma sexual, o perigo do excesso de excitação.*

Freud precisa que a exigência pulsional é algo real.

Depois de ter definido a situação traumática, ele redefine a situação de perigo dizendo que a situação de perigo se distingue da situação traumática. A situação de perigo supõe que o sujeito tenha experimentado a situação traumática, e depois de experimentar isso, podemos dizer que ele antecipa o retorno da situação traumática. Freud chama de situação de perigo o caso em que o sujeito teme e antecipa o retorno de uma situação traumática. Aqui a angústia sinal entra em função para antecipar um pouco o perigo.

É importante insistir nesse ponto, porque vocês podem ver que a definição do laço trauma/angústia é uma definição que inclui o sujeito, e Freud insiste: não há nenhuma percepção de perigo, até mesmo perigo externo, que não implique o reconhecimento de sua relação com uma situação de desamparo anteriormente vivida; Freud formula então: não há nenhuma percepção de perigo que não implique uma "internalização". É o que chamei de "sujeito imanente" ao trauma: perceber o perigo supõe que o sujeito tenha internalizado aquilo que pode ser o perigo na experiência traumática, e corresponde bastante a pequenos fatos clínicos bem simples, como a inconsciência do perigo em crianças a quem faltam experiências traumáticas, e as grandes diferenças entre os indivíduos com relação à sensação de perigo, há alguns que qualificamos como inconscientes porque não se dão conta do perigo e outros, pelo contrário, que se antecipam fora de lugar. Na França há um provérbio que diz (deve haver um correspondente aqui) "*Chat échaudé craint leau froide*".[27] O gato que tocou a água quente, essa é a situação traumática, depois teme até mesmo a água fria: isto é, no tempo dois há a antecipação dos perigos que incluem o próprio sujeito na reação.

Freud[28] detalha clinicamente as diversas situações de desamparo típicas de cada época: perigo de abandono psíquico com a primeira aparição do eu na criança; segundo, perigo da perda do objeto de amor no período da primeira infância com a falta de independência da criança; terceiro, perigo de castração na fase fálica; quarto, perigo do superego, que tem uma grande importância no período da latência. Freud conclui que, em todos os casos da relação de objeto, a angústia se refere, em francês, ao "fator traumático" – traduziram assim em francês, mas o texto em alemão diz "ao momento traumático". A noção de momento traumático é completamente diferente, momento que é impossível fazer desaparecer de acordo com a norma do princípio de prazer.

A partir daqui a tese de todas as neuroses de origem traumática se encontra fundada. Se o sintoma é o retorno do recalcado, o recalque é efeito da angústia, e a angústia, efeito da vivência de uma situação traumática de origem, que depois se repete na forma da angústia sinal, então toda neurose tem uma origem traumática. No início era o traumatismo. Posso dizer, e às vezes discuto com meus colegas esse ponto, que essa é a tese definitiva de Freud, e ele não acrescentou nada depois de 1926 a esse respeito. *Novas conferências introdutórios sobre psicanálise* (1932-1936)[29] têm um papel

---

27 Em português, "gato escaldado tem medo de água fria". [N. T. B.]
28 Freud, S. (1926). Inibição, sintoma e angústia, *op. cit.*, pp. 58-64.
29 Freud, S. (1933). Novas conferências introdutórias à psicanálise. In *Obras completas*, v. 18. São Paulo: Companhia das Letras, 2010, pp. 123-354.

homólogo ao de *Conferências introdutórias à psicanálise* (1917),[30] elas fazem um resumo de suas últimas elaborações. Entre 1917 e 1926, há várias fórmulas, mas não há nada de novo sobre a tese. Mais tarde, com *Moisés e o monoteísmo*,[31] de 1939, às vezes ouvimos colegas dizerem que nesse texto Freud mudou sua tese sobre o traumatismo; não, isso é inexato, é preciso ler os textos, há muitas coisas nesse texto, muitas coisas apaixonantes e sabemos que há uma dimensão até mesmo de confissão, de testamento. Freud evoca de novo, efetivamente, a origem sexual traumática da neurose, mas não há nada de novo na definição daquilo que é o traumatismo como realidade clínica. Ele a usa para fazer aquilo que ele mesmo chama de analogia – esse é o título de um capítulo –, uma analogia com o que posso chamar de "etiologia dos povos". O que está em jogo nesse texto não é o trauma de forma alguma; pelo contrário, o que está em jogo nesse texto é a função da lei, o aparecimento da lei, a função do pai. Esse é o texto que prolonga *Totem e tabu*,[32] como diz Freud, exceto que dessa vez ele pretende não escrever um mito, mas se baseia em uma história supostamente histórica. Da mesma forma, além disso, *Totem e tabu*[33] nos deixava com a questão de saber o que o trauma sexual deve ou não ao pai, à função paterna. Esse é outro problema.

Com a definição de trauma como uma situação de desamparo, Freud nos dá, sem saber e sem procurar talvez, uma definição que pode ser aplicada não apenas ao trauma sexual original, mas também a qualquer trauma da civilização atual, uma vez que a definição de desamparo, definida como o encontro com uma

---

30 Freud, S. (1916-1917). Conferências introdutórias à psicanálise, *op. cit.*, pp. 14-613.
31 Freud, S. (1939). Moisés e o monoteísmo, *op. cit.*, pp. 13-188.
32 Freud, S. (1912). Totem e tabu, *op. cit.*, pp. 13-244.
33 *Ibid.*

excitação insuperável, não implica necessariamente o sexual. Tenho em mente duas imagens que parecem ilustrar a situação de desamparo sem o sujeito ter a quem recorrer. Uma, acho que vem da Colômbia, não tenho certeza, ou de um outro país da América Latina, onde houve um grande fenômeno de inundação com uma enorme avalanche de lama. Na televisão, passaram a imagem de uma garotinha, sozinha, em cima de um pequeno monte, ainda não recoberto, mas com a lama avançando inexoravelmente. Bem, situação de desamparo típico sem nada de sexual, obviamente. Há outra imagem, mais conhecida, famosa, que vem da Guerra do Vietnã, também aí temos a foto da menininha toda queimada com o Napalm, e sozinha sobre uma vasta estrada deserta. Então, com essa descrição, acho que Freud nos deu a possibilidade de unificar os traumatismos sexuais com os traumas nos quais a própria vida está em jogo.

É claro que Freud não está interessado nos traumas da civilização; contudo, estamos mais interessados neles agora. O que interessa a Freud são os traumas ligados precisamente ao inconsciente. A diferença fundamental é que o trauma ligado ao inconsciente é um trauma que pode ser esquecido, retorna na repetição, mas retorna de forma mascarada. Ele pode ser esquecido porque se inscreve precisamente no inconsciente, o que condiciona o esquecimento necessário para viver. O esquecimento é precisamente que o trauma tenha se inscrito. Por isso Lacan define o inconsciente da seguinte forma: ele diz que o inconsciente consiste em não se lembrar daquilo que se sabe, está inscrito em algo que ele chama de um saber; então, o inconsciente é uma memória. Os traumas da civilização não constroem memória, é tudo um problema.

Há dois tipos de traumatizados. Há os sujeitos, e na medida em que são traumatizados de origem, eles se esqueceram, e é a análise que talvez permita reconstruir, trazer algo de volta; porém, precisamente os traumatizados de guerra, por acidentes ferroviários etc., se caracterizam, como diz Freud,[34] pelo esquecimento impossível.

Vimos um sujeito no hospital psiquiátrico; havia outros traços nesse sujeito, mas ali havia o traço de que não ele não conseguia tirar da cabeça: uma imagem de anos, uma imagem sempre presente, um esquecimento impossível, porque fica apenas a vivência... a vivacidade da imagem traumática, e é por isso que Freud diz que as cenas traumáticas são homólogas às alucinações, o que quer dizer precisamente que, por não serem inscritas no discurso da memória inconsciente, elas retornam tal como imagens vivas. Aqui, temos uma indicação, não digo prática, mas uma indicação de perspectiva sobre aquilo que o estado de traumatizado pode desempenhar; o estado de traumatizado não se cura, a não ser construindo as possibilidades do esquecimento, e a possibilidade do esquecimento é a constituição de uma memória. Há atualmente todo um problema com o que se chama de "dever de memória"; talvez esse seja outro problema, mas que se conecta com isso.

Agora vou me deter em dois pontos. Disse que Freud havia conseguido unificar os dois tipos de trauma, as diversas ocorrências de desamparo das diversas épocas da vida. Mas ele também consegue unificar aquilo que chamarei de as angústias do menos e as do mais, isto é, daquilo que, no sujeito, a princípio foi chamado de angústia de castração, que é angústia de um menos, mas também há uma angústia de demasia, do excesso – por isso o equívoco francês ao escrever *traumatisme* [traumatismo] como *tropmatisme* [excessomatismo].[35] Freud,[36] então, conseguiu conectar, em sua

---
34 Freud, S. (1920). Além do princípio do prazer, *op. cit.*, pp. 168-170.
35 Em francês, os neologismos *traumatisme* e *tropmatisme* têm pronúncias próximas. O advérbio *trop* indica excesso, algo em demasia, daí a observação da autora. [N. T. B.]
36 Freud, S. (1920). Além do princípio do prazer, *op. cit.*, pp. 184-198.

definição, a dimensão da castração e a dimensão da excitação traumatizante da pulsão. Intelectualmente isso é magnífico, e clinicamente pertinente.

Bem, depois de ressaltar a unificação entre o traumatismo sexual e os biotraumatismos (chamo-os assim, de biotraumatismos da civilização, porque eles são traumatismos que ameaçam a vida em geral), gostaria de dizer algo para terminar sobre aquilo que Freud chama de forças do sujeito. Seria interessante refletir sobre esse assunto, uma vez que Freud define o trauma como relativo às forças do sujeito. Aqui temos uma dimensão a ser explorada: o perigo deve ser internalizado, e ele convoca as forças – esse é o termo que ele utiliza, e isso é um problema. De fato, como podemos pensar as diferenças patentes, e que não devemos esquecer, de reação a situações traumáticas idênticas? Já trabalhei sobre esse ponto, e acho que podemos pensar que a situação de desamparo, aquilo que chamo de "golpe do real", é um ponto de foraclusão em que não há nenhuma inscrição, nenhuma intervenção do simbólico, e tampouco nenhuma implicação do sujeito, mas quando se trata da avaliação incluída na situação de perigo, diferente do trauma de origem, aqui temos a presença do sujeito; é por isso que digo: o trauma tem estrutura de foraclusão, as sequelas são do sujeito, e é por isso que não há tratamento-padrão possível para os traumatizados; inclusive nem podemos falar dos traumatizados, mas sim de sujeitos traumatizados.

Pois bem, acho interessante refletir sobre aquilo que determina os transtornos pós-traumáticos, aquilo que Freud chama de forças do sujeito, e creio que ele, obviamente, não se refere às forças musculares, mas às forças subjetivas. Não tenho tempo para desenvolver esse ponto, lamento. Apenas duas coisas: primeiro, elas designam as capacidades de suportar as tensões, as excitações, e, segundo, também mobilizam o núcleo fantasmático. É a fantasia que interpreta o momento traumático nas sequelas, poderia dizer no après-coup [a posteriori], e é por isso que quando temos um sujeito psicótico, que pode ser traumatizado como qualquer outro, sua reação não é a mesma que a de um neurótico, como vimos na apresentação de pacientes, ontem no Hospital. Mas é verdade que há uma interpretação do feito traumático, do real traumático, e essa interpretação provém do sujeito, de sua fantasia, seja ele psicótico ou neurótico. A psicanálise, então, se puder intervir, pode intervir precisamente no nível das sequelas e nos elementos mobilizados nas sequelas.

Paro por ora. Sinto muito pela precipitação no final, devida à falta de tempo.

2. O Outro, traumático

Desta vez, para a segunda exposição, intitulei minha palestra: "O Outro, traumático". Fiz isso utilizando e modificando a expressão que Lacan utiliza em 1971,[1] em sua conferência que se chama *O saber do psicanalista* e na qual ele fala sobre o pai traumático – em francês, *le parent traumatique*.[2] Foi-me dito em Bogotá que se traduzia por *pai traumático*, mas talvez não seja a tradução mais conveniente. Parece-me que seria melhor dizer *os pais traumáticos*, para evitar a ideia de que se trata do pai [*père*] enquanto tal. Em francês, *le parent traumatique* não especifica se é mãe, pai, avô, tio.

---

1   Lacan, J. (1971-1972). *O seminário, livro 19: ... ou pior*. Rio de Janeiro: Jorge Zahar, 2012, p. 146. Trata-se da Conferência de 4 de maio de 1972, ditada no Hospital Sainte-Anne. Dito ciclo de conferências foi editado com o nome *O saber do psicanalista*. No Brasil, foi publicado pelo Centro de Estudos Freudianos do Recife, 2001, p. 95 (edição de circulação interna). "[...] todo pai ou mãe traumático está, em suma, na mesma posição que o psicanalista."

2   Em francês, a palavra *parent* é geralmente traduzida por "pai", não no sentido do genitor do sexo masculino [*père*, em francês], mas de "pais" (que geralmente empregamos no plural em português), isto é, membro do casal formado pelos genitores (o pai e a mãe, no caso). Também pode ter a acepção de "parente", significado ao qual a autora faz alusão logo em seguida. [N. T. B.]

A expressão pai traumático indica que não é algo contingente; é algo que transcende os acidentes da história. E ela parece bastante crível, uma vez que vemos como os analisantes insistem, voltam repetidamente a evocar as figuras de sua infância, quase como se estivessem possuídas por elas; essas figuras, então, são inesquecíveis.

O trauma sexual: por quê?

A expressão *O Outro, traumático* parece diferente da tese freudiana que desenvolvi esta manhã e que não tem nenhuma referência aos pais [*parent*], supostamente traumáticos, uma vez que, para Freud, o núcleo sexual traumático é o encontro que cada criança tem com a realidade sexual – escutando, olhando, experimentando sensações. A expressão de Lacan, portanto, poderia parecer mais na linha dos pós-freudianos.

Os pós-freudianos, como disse, incriminam não o Outro em geral, mas especificamente a mãe como causa de trauma. No entanto, Lacan nunca fez objeção à tese freudiana do núcleo sexual do trauma. Não posso seguir aqui todas as fórmulas sucessivas em que vemos que Lacan recebe e aceita essa tese. Por fim, ao retomar o trauma sexual freudiano, culmina com a famosa expressão de Lacan "*não há proporção [rapport] sexual*". E aqui vemos que ele aceita a tese freudiana sobre o núcleo sexual, mas modificando-a. Freud acentuava o encontro, no sentido forte da palavra, com fenômenos de excitação sexual ligados a cenas sexuais da primeira infância: encontro, então, com algo que aparece. Daí, para Freud, vem o problema de entender a generalidade de um fenômeno que se apresenta como contingência. Lacan, ao contrário, com a fórmula "*não há proporção sexual*", introduz um fato de ausência genérica e central, algo que falta, não algo que se encontra e que falta por razões de estrutura. Imediatamente há uma questão que ele mesmo se coloca: como um fato de ausência pode ser estabelecido, comprovado? Ainda mais porque, na ideia de Lacan, *não proporção sexual* não significa fracasso do ato sexual; pelo contrário, é exatamente o oposto.

Freud se interessou, na realidade, quase que exclusivamente pelos atos sexuais fracassados, nos sintomas do fracasso sexual. Do ato sexual bem-sucedido, ele não diz quase nada em toda a sua vida, exceto que lhe parece que ele é o gozo máximo, o maior que se pode obter. Não é uma teoria, isso é obviamente uma opinião pessoal.

Lacan, ao contrário, diferentemente de Freud, se interessou pelo ato sexual bem-sucedido, exitoso. Segundo ele, o ato que não está perturbado sintomaticamente é o que comprova a não proporção sexual. Por quê? Seria necessária toda uma elaboração, mas, sinteticamente, podemos dizer que o gozo testemunhado pela palavra do analisante, que diz respeito às experiências infantis ou às do adulto, esse gozo é sempre um gozo homogêneo à estrutura descontínua do significante, isto é, um gozo parcial e que não faz união. Dizemos, às vezes, um gozo Uno,[3] para indicar que não se trata de um gozo unário. Por isso, Lacan pode dizer que a não proporção sexual é o dizer de Freud, embora Freud nunca tenha enunciado a fórmula. Isso se justifica na medida em que a não proporção sexual se infere de todos os enunciados de Freud, sobre as pulsões e o desejo; trata-se de uma ausência que se infere. Como uma ausência inferida tão estrutural quanto essa pode ser traumatizante?

Não pode ser traumatizante diretamente, já que o traumatismo, em sua noção central, implica um elemento de encontro surpreendente. O passo que Lacan deu com relação a Freud consiste em referir o núcleo traumático (núcleo que coloca toda a ênfase

---

3 Em francês, *jouissance Une*. [N. T. E.]

sobre a incidência do gozo nas cenas) a esse outro elemento que nomeamos de Outro, com letra maiúscula, para designar o lugar da palavra e do discurso que implicam, obviamente, a linguagem. O pai [*parent*], os pais são as primeiras encarnações desse Outro que fala. A tese do Outro traumático, então, opera um deslocamento; não faz objeção à tese freudiana, mas opera um deslocamento do fato traumático registrado por Freud, na direção de sua condição de linguagem. E isso é tão verdade que quase poderíamos dizer *o trauma, não sem o Outro*. O trauma não deixa de implicar o Outro. A tese *O trauma não sem o Outro* é correlativa do modelo da angústia que não é sem objeto.

Podemos sustentar isso, uma vez que cada trauma supõe a incidência do gozo, mas não de qualquer gozo. Não se trata do gozo intocado da vida, nem do gozo do sexo; trata-se do gozo do *falasser* [*parlêtre*], do *falasser* que não deixa de cair sob o efeito da linguagem e do discurso. Os dois componentes do trauma, portanto, são sempre gozo e linguagem. O primeiro, de acordo com a tese de Lacan, introduz a perda, a fragmentação, a parcialidade. Há uma série de textos de Lacan que tentam mostrar a pertinência clínica disso – retomo sem justificar, mas isso deve ser estudado em detalhes. O segundo, o discurso, que, por outro lado, ordena, como disse em primeira conferência, o gozo que resta, ordena-o não sem programar impossibilidades.

Onde encontrar algo em Freud que vá na mesma direção? O que Freud chama de *Outra cena*, para designar o inconsciente que se decifra, nada mais é que a cena do Outro. Talvez seja excessivo dizer "não é nada mais que", mas tem algo a ver com a cena do Outro, com suas representações, suas ficções, seus semblantes, seus significantes, que constroem toda a realidade na qual vivemos. E isso não é algo percebido somente pelo psicanalista Jacques Lacan. Se alguns, fora da psicanálise, se questionaram para saber se a vida não seria um sonho, é porque se percebe, no campo do falante, que o real escapa, que o humano se encontra separado do real e que o discurso produz algo como um invólucro – falei, em outro momento, de tela. Assim, o gozo do falante é sempre um gozo colonizado, diz Lacan – vejam aí o vocabulário da política que retorna –, colonizado pela palavra.

"Troumatismo"[4]

E é verdade que é um problema saber qual é a incidência do Outro, o lugar da palavra no nível do trauma. Vou direto à resposta sem justificá-la, por ora. O Outro intervém com o que lhe falta, com aquilo que ele, o Outro, não pode inscrever. Isto é, ele intervém porque sua própria lógica comporta um furo, um vazio, eu diria. E Lacan acabou dizendo – Lacan que é alguém tão complexo e, ao mesmo tempo, tão simples –, acabou fabricando um neologismo teórico para dizer que o Outro incide por meio de sua própria carência. Ele usou o termo *troumatisme* [troumatismo], que não tem tradução em português, se não me engano, isto é, que no lugar do trauma ele coloca o *furomatismo* – é melhor não traduzir e colocar entre aspas "*troumatismo*". O furo no Outro é o sítio do trauma, de todo trauma. É isso que estava dizendo esta manhã, quando falava de foraclusão: cada traumatismo tem uma estrutura de foraclusão de um real.

Tentarei me manter um pouco, por ora, em um nível mais clínico. Não é coincidência se os dois elementos traumáticos de que ouvimos falar na psicanálise são o nascimento e a sexualidade, isto

---

4 Colette Soler evoca esse neologismo lacaniano no qual há uma condensação das palavras *traumatisme* [traumatismo] e *trou* [furo], amalgamando, em uma palavra, o furo na linguagem ao trauma, conforme desenvolvido pela autora na sequência. [N. T. B.]

é, a própria existência e o sexo. São os dois fatores que insistem, não apenas a sexualidade, mas também a existência, na palavra dos analisantes, ou seja, o sexo e a vida. Tanto o sexo quanto a existência pertencem ao registro do gozo e estão enlaçados. O termo *troumatismo* diz que o discurso do Outro deixa a existência e o sexo à sua facticidade insensata, por não os inscrever. Mas os dois, sexo e existência, não são ressaltados da mesma maneira por Freud e por Lacan, nem pela psicanálise e pelo discurso comum atual.

Clínica do troumatismo

Começo pelo discurso comum. Sabe-se agora implicitamente que o fato de nascer pode ser traumático, que as condições do nascimento podem sustentar algo traumático. Isso é sempre mais explícito, parece-me, em nosso discurso. Talvez isso não seja dito assim, mas é perceptível. E por quê? Considero que é porque, com as mudanças no capitalismo, a continuidade das gerações se vê transtornada, porque as famílias se desfazem, são sempre mais instáveis, e porque o resíduo último da fragmentação dos laços sociais, como já disse, é o indivíduo. Então, com o indivíduo como resíduo último, a facticidade da existência é descoberta, aparece.

Posso evocar diversos fatos atualmente bem midiatizados em nosso mundo: primeiro, os sujeitos que nasceram sem conhecer seus genitores, nem o pai nem a mãe. Na França, eles são chamados de "nascidos sob *x*". Esses sujeitos, como sabemos, às vezes lutam para obter das instituições estatais a inscrição dos antecedentes, de forma que seja possível reencontrar esses pais, esses genitores que lhes deram vida. Outro exemplo: as crianças que nasceram por meio de inseminação artificial – não falo da inseminação no ambiente de um casal, falo da inseminação de uma mulher que quer um filho e pede sêmen anônimo – como sabemos, há toda uma luta. Suponho que seja o mesmo aqui, para suprimir o anonimato, para que seja possível saber quem doou o sêmen, para encontrar esse genitor anônimo que nem conhece a mãe. O mesmo com as crianças adotadas. Devemos ter em mente que as crianças, mesmo quando são bem acolhidas, quando têm uma excelente família substituta, na grande maioria dos casos, querem em algum momento se reconectar com os verdadeiros genitores. Muitas vezes, os psicanalistas denunciam essas tentativas, dizendo que se confundem aí os pais do simbólico e os genitores do organismo, é verdade. No entanto, digo que o movimento de apelo desses sujeitos nos instrui sobre algo: ele nos indica claramente que o aparecimento da própria vida em si – independentemente do que acontecer, da boa ou má recepção –, o aparecimento da vida, da sua ou até mesmo da de outra criança que aparece depois, esse aparecimento é traumático e precisa de algo, conclama algo do lado daquilo que chamamos de discurso do Outro. Aliás, não devemos esquecer que Freud[5] descobriu nas famílias mais tradicionais o que ele chamou de *romance familiar*, que já indicava um desdobramento entre os pais da realidade e do imaginário.

Outro fato para o qual tenho minha interpretação. Sabemos o que acontece nas famílias, até mesmo nas melhores, mais pacíficas, quando os pais morrem e chega a hora de acertar as contas da herança, dos bens, do dinheiro, das joias da mãe etc., sabemos todos como as paixões mais virulentas e ruins despertam de uma maneira realmente incrível. Poderíamos fazer uma interpretação essencialista e pensar que é a maldade fundamental dos seres humanos que se manifesta. Minha interpretação é outra. Acredito que, sob a herança material, as contas que se acertam são as contas da vida, isto é, se fui desejado, quem foi o favorito, por que nasci assim, o

---

5 Freud, S. (1909). O romance familiar dos neuróticos. In *Obras completas*, v. 8. São Paulo: Companhia das Letras, 2015, pp. 419-424.

outro assado etc. Acertam-se as contas da vida sob a máscara dos bens. Talvez alguém possa pensar: como esses filhos são interesseiros! Sim, mas creio que eles são realmente menos materialistas que se pensa. Tive uma vez uma paciente que ia, mesmo adulta, à casa da mãe para lavar suas próprias roupas usando a lavadora da mãe. Obviamente, sempre havia alguém para dizer: "Por favor! Você não pode comprar uma máquina de lavar?". E ela respondia: "Não posso dizer a eles que isso me dá um pretexto para ver minha mãe sem pedir, sem pedir para vê-la". E aqui se percebe que o aparente interesse material cobre outro interesse subjetivo, qualquer que seja. Isso vale para a herança.

Agora, em nosso discurso contemporâneo, curiosamente, não acontece o mesmo com a sexualidade. A ideia da sexualidade traumática em si mesma não está presente no discurso comum. A única coisa que fica disso, me parece, é a ideia dos abusos sexuais. O discurso contemporâneo não tem... quase esqueceu a mensagem freudiana dizendo que algo não funciona em si mesmo, que há um furo na sexualidade. Não sei se se trata de um *Verleunung* (desmentido) ou da *Verneinung* (denegação), mas creio que há algo a ser interpretado aqui: por que o discurso atual registra mais o que posso chamar de *biotrauma* que o trauma sexual?

Ora, na psicanálise, quem conceitualizou a vida traumática? Não foi Freud nem Otto Rank com traumatismo do nascimento, foi Lacan; em Lacan há muito sobre esse ponto: ele evoca a "inefável e estúpida existência" para dizer a facticidade da existência não inscrita no Outro. A propósito do pequeno Hans[6] – o caso de Freud –, Lacan diz que ele foi deixado não apenas no nível do sexo, mas também da existência; ele escreve isso no texto que condensa

---

6 Freud, S. (1909). Análise da fobia de um garoto de cinco anos ("O Pequeno Hans"). In *Obras completas*, v. 8. São Paulo: Companhia das Letras, 2015, pp. 123-284.

o *Seminário 4*.[7] Lacan afirma e tenta mostrar que o significante falo não é somente o significante do sexo, mas também da vida, é o significante que identifica a vida no lugar do furo precisamente; e por fim, no final, ele propôs o termo gozo, *jouissance*, como um fator comum à vida e ao sexo.

O contraste parece bastante claro com relação a Freud. Quase não encontramos textos de Freud nos quais ele fale sobre a existência traumática. Mesmo quando responde à pergunta (já que a encontramos nele) "de onde vêm as crianças?", que é uma pergunta sobre a vida, sobre a existência – a qual, aliás, atormenta os pequeninos –, Freud imediatamente a desloca para o lado do mistério da união sexual dos pais.

De fato, os dois elementos traumáticos não são independentes, uma vez que cada existência é condicionada pelo sexual, pelo casal da reprodução da vida, da produção das crianças. E Lacan insiste muito na conexão entre casal sexual e aparecimento de uma vida. E é verdade que não se pode realmente questionar a existência: por que nascemos? Não se pode questionar a existência em sua facticidade sem questionar o casal sexuado que deu à luz, esteja o casal presente ou não. Cada criança, então, institui como Outro, com O maiúsculo, aqueles que lhes deram a vida. Digo que ela os institui como Outro na medida em que para instituir alguém como Outro basta pedir-lhe a resposta. É o que acontece também na transferência. E é verdade que os filhos e as filhas interpretam e interpelam os pais sobre o desejo do qual o próprio sujeito é o resultado, e então encontram o furo, porque há aqui o inconsciente, o inconsciente que possui o seguinte resultado: o Outro não sabe, vou dizer assim, não sabe o que deseja. E não sabe o que deseja quando deseja um filho, isto é, que o Outro interpelado se encontra com seu furo, o

---

7 Lacan, J. (1956-1957). *O seminário, livro 4: a relação de objeto*. Rio de Janeiro: Jorge Zahar, 1995.

mesmo furo da linguagem. Mesmo quando tenta dizer como e por que ele queria ter um menino, uma menina, como ele fantasiava sobre isso etc., com tudo isso, no entanto, ele não pode dizer nem o objeto causa de desejo de uma criança nem o objeto causa de seu desejo sexual.

Apesar dessa mudança subjetiva produzida pelas condições materiais de reprodução, na realidade, o que comprovamos é algo interessante: os pequenos sujeitos não confiam nas declarações de seus pais, eles realmente não se fiam nas declarações de seus pais quanto à forma como vieram ao mundo e quanto a um irmãozinho, uma irmãzinha. Os pais podem lhe dizer o que era esperado ou não, quem lhe aguardava mais, de que modo, mas as crianças sempre procuram outro signo, como se soubessem que a verdadeira chave de seu lugar no Outro se encontrasse, antes, nos não ditos, nos vazios, nos silêncios do discurso do Outro, também, talvez, em seu estilo de palavra.

Aqui faço parênteses sobre algo que já desenvolvi. Parece-me que o controle da reprodução produziu uma grande mudança, não apenas no nível da realidade, mas no nível da problemática subjetiva. O fato de poder controlar os nascimentos, e até de poder ajudar nos nascimentos quando há um caso de esterilidade de um lado ou de outro, a possibilidade, com a técnica, de produzir crianças com fertilização assistida, todo esse controle dos nascimentos elude a dimensão inconsciente do desejo e acentua a "vontade" de ter um filho. Obviamente, podemos pensar que isso é uma conquista; é um progresso, é claro, especialmente para as mulheres, muitas coisas mudam, não insisto, isso é muito evidente. Mas no nível subjetivo, isso substitui a criança desejada pela criança querida, a criança que chega porque houve um ato sexual entre os pais pela criança programada. É uma mudança porque a vontade egoica não é o desejo do Outro. São duas coisas diferentes e, como digo sempre, é sobre essa distinção que Lacan termina seu texto "Subversão do sujeito e dialética do desejo", sobre a distinção entre buscar o desejo do Outro e sua vontade.

Lógica e topologia do troumatismo

Bem, então, gostaria de desenvolver o problema desse furo e entrar um pouco na lógica e na topologia do Outro, mas me pareceu que não poderia fazê-lo em uma conferência. Acho, inclusive, que até existem problemas sobre esse ponto, dificuldades no ensino de Lacan. Há todo um percurso. Não vou seguir o fio da concepção desse furo em Lacan, embora ache que isso é a parte mais importante de seu percurso. Vocês conhecem a tese que diz que o que há de novo no ensino de Lacan, à medida que ele avança, é a introdução da referência ao gozo. Na realidade, a referência ao gozo sempre esteve presente, menos acentuada a princípio, é verdade, mais desenvolvida no final; mas essas mudanças, ao mesmo tempo de ênfase e de concepção, me parecem conectadas às suas elaborações sobre a estrutura do simbólico, e são essas elaborações, aliás, que o conduziram, no fim, a propor que a *lalíngua*, que não é o simbólico, a *lalíngua* (escrita em uma palavra) tem efeito sobre o gozo.

Não desenvolvo a lógica nem a topologia do Outro. Retomo apenas uma frase de Lacan: "há um furo e esse furo se chama Outro", é o que escreve. "S(A̶), e há que lê-lo: significante de uma falta no Outro", e acrescenta: "inerente à sua função mesma de ser o tesouro do significante".[8]

Se há de se esperar semelhante efeito da enunciação inconsciente, aqui ele será em S(A̶) e será lido: significante de uma falta

---

[8] Lacan, J. (1960). Subversão do sujeito e dialética do desejo no inconsciente freudiano. In *Escritos*. Rio de Janeiro: Jorge Zahar, 1998, pp. 832-833.

no Outro, inerente à sua função mesma de ser o tesouro do significante; isto é, trata-se não de uma opção, mas de uma necessidade lógica, em referência lógica à teoria dos conjuntos.

De que falta se trata? O que falta ao Outro, seria o gozo ou o significante? Os dois, de fato. S(A̶) (significante de A barrado) é um significante que Lacan colocou no início como um ponto de estofo, mas, na realidade, é um significante de exceção, pois não é um elemento incluído no Outro, ou seja, no conjunto de todos os significantes (-1), então. Esse significante representa, no entanto, aquilo que cada um é de impensável, de não representado, seu ser de gozo, aquilo que Lacan chamou de Coisa. Lacan formulou, em 1958, o Outro que não existe, o que significa que onde há gozo, o Outro não se encontra. Este (-1) é o significante de exceção, não incluído no Outro, ao mesmo tempo incompleto e inconsistente, mas o significante do gozo que falta ao Outro escreve uma foraclusão.

Em outras palavras, há algo foracluído – algo que chamaremos de real, de real do gozo –, quer seja sob a forma da vida ou sob a forma do sexo. E entendemos, então, por que a vida e o sexo são traumáticos. À pergunta "por que ter nascido?" o simbólico não pode responder; o Outro não pode dizer, não pode dizer por que ele quis ter um filho, e o filho nunca vai sabe seu valor de gozo para o Outro – *troumatismo* de nascimento, então. Tampouco poderá dizer seu valor de gozo enquanto homem ou mulher, daí o *troumatismo* do sexo.

A estrutura do furo traumático vale para cada falante, então, para cada um de nós e, especialmente, para cada um dos analisantes que vêm interrogar seu sintoma e seu ser, sua pergunta sobre aquilo que são como Coisa. Comprovamos, na experiência clínica, que para cada sujeito busca-se a resposta do lado daqueles que são os culpados por sua existência, *parente* [*parent*] em questão, culpados por sua existência e que são interpelados sobre o gozo sexual. Esse é um grande fato clínico, que a Coisa Outra do Outro parental tem um valor traumático; "essa Coisa Outra do Outro me diz respeito, porque venho desse lugar, porque venho desse furo". Foi isso que permitiu a Lacan retomar, de forma um pouco irônica, apesar de perfeitamente fundada, o famoso traumatismo do nascimento. É interessante reler Otto Rank, que pensou que o primeiro traumatismo era um biotraumatismo, o fato de sair do útero da mãe. E é interessante porque se percebe imediatamente o impasse dessa concepção de Otto Rank de um biotrauma, desconhecido na natureza, específico ao ser falante. Freud o percebeu e disse: não podemos falar de trauma quando há apenas um organismo e ainda não há um sujeito, um eu constituído. Além disso, Freud não gostava do trauma do nascimento, porque ele era manifestamente, por parte de Otto Rank, uma tentativa de objetar a Freud, de afirmar um trauma não sexual. Freud, então, ficara interessado, intrigado, mas não estava de acordo.

Lacan retoma essa noção no final de sua vida, em 1979,[9] quando diz: sim, ter nascido é um traumatismo e, mais especificamente, é um *troumatismo* por nascer desejado. Vem aí a ironia de Lacan, uma vez que se trata de uma distorção completa da ideia de Rank. Sabemos que, de fato, a primeira manifestação da vida é o grito, mas não é o momento de asfixia antes da primeira aspiração que faz o *troumatismo*; é, antes, se assim posso dizer, a aspiração do Outro como elemento estrangeiro à vida. É também uma distorção de uma ideia tão difundida, a ideia de que ter nascido sem ser desejado deixa uma marca traumática para a vida. Também podem encontrar, aliás, textos de Lacan em que ele mesmo comenta isso, dizendo que na criança não desejada, mesmo que ela seja bem acolhida depois, há uma marca que fica. Mas aqui, no final, ele se

---

9 Lacan, J. (1979-1980). *O seminário, livro 27: dissolução.* [Inédito]. Versão para circulação interna da Escuela Freudiana de Buenos Aires. Tradução de Ricardo E. Rodriguez Ponte, p. 64.

corrige dizendo que, desejado ou não, dá na mesma. Entendemos que, em ambos os casos, há o furo do não saber com relação ao objeto desejado ou não. Parece-me realmente importante, e não se entende isso sem distinguir o que é vontade de ter um filho e desejo de ter um filho. "Tenho vontade de ter um filho" ou "quero um filho". Em francês, diríamos: "*Envie d'enfant*", há um equívoco com a palavra *envie*, ou, mais frequentemente, "quero ter um filho". Entre ter vontade e o desejo, em sua dimensão inconsciente, existe obviamente um espaço onde os sintomas da produção da vida se desenvolvem.

Troumatismo e *angústia*

Agora gostaria de fazer um desenvolvimento do traumatismo à angústia. No *Seminário 10* sobre a angústia,[10] Lacan se refere a *Unheimlich* freudiano, em francês, *l'inquiétante étrangeté*. Como se diz em português? O estranho ou o sinistro.[11] Em francês, a *inquiétante étrangeté* ou a inquietante estranheza é menos forte que sinistro.

---

10 Lacan, J. (1962-1963). *O seminário, livro 10: a angústia*. Rio de Janeiro: Jorge Zahar, 2005.

11 O termo *Unheimlich* não tem um equivalente exato em português, já tendo sido traduzido por "o estranho", "o inquietante" ou "a inquietante estranheza". Segundo Luis Alberto Hanns: "*Das Unheimliche*: título original do artigo "O 'Estranho'", de 1919, é traduzido habitualmente por 'o estranho' e 'o sinistro'. Significa algo 'inquietante', 'macabro', 'assustador', 'esquisito', 'misterioso' etc. Nesse artigo, Freud aponta para o fato de que a palavra alemã teria certa ambiguidade, oscilando entre o 'familiar' e o 'desconhecido'. Relaciona tal ambiguidade com a sensação de inquietude do sujeito pelo retorno do material recalcado (portanto conhecido), o qual volta sob a forma de algo desconhecido e assustador. O termo também é empregado por Freud em diversos outros textos". Hanns, L. A. (1996). *Dicionário comentado do alemão de Freud*, Rio de Janeiro: Imago, p. 231. [N. T. B.]

De que se trata? Daquilo que Lacan chama, de forma tão simples, de "a casa do homem" (*la maison de l'homme*). A casa do homem, curiosamente, é o lugar do trauma e o lugar do qual a angústia emerge. E é verdade que é aí onde se alojam as diversas figuras da hostilidade. As figuras das hostilidades são diversas, algumas mais possessivas, predadoras, que pegam, outras que eliminam; algumas que ameaçam porque têm dentes longos, outras que ameaçam com a sua indiferença mortal. São os polos das figuras da hostilidade que se apresentam nas angústias dos pesadelos de dia e à noite. E, por fim, por que há uma passagem assim do furo para a hostilidade, para a ameaça? Por que, quase naturalmente, diante de um vazio desconhecido, o humano imagina, espera o pior? Por que não esperaria algo bonito, uma surpresa boa? Sabemos que não. Há uma resposta consistente que vale durante muito tempo no ensino de Lacan: é por culpa do objeto. Eu me explico: no Antro do Outro, e me divirto ao dizer que o Antro do Outro não tem nada a ver com a caverna de Platão, porque na caverna de Platão – vocês conhecem o mito da caverna de Platão – se está tranquilo. No Antro do Outro, então, é o meu lugar, *j'y suis*, estou ali. Mas a título de que estou ali? E Lacan, no seminário *A angústia*, precisa: estou ali como uma ausência.[12] Tradução: aqui estou, mas não como sujeito, isto é, não como um sujeito representado por um significante e que, então, pode se apresentar, mas estou como objeto *a*, isto é, um objeto sem representação. Irrepresentável esse objeto que, precisamente, destitui o sujeito. É isso que me permitiu formular que cada experiência de angústia é uma experiência selvagem da iminência de uma destituição subjetiva, na qual desapareço. Enquanto representado por uma imagem, ou um significante, posso me apresentar, podem me pedir fotografias, indicar minhas características significantes. Mas do objeto *a*, em sua definição fundamental, não há fotografia ou significante, e somente a angústia o manifesta na

---

12 *Op. cit.*, p. 55 e p. 58.

experiência. Assim, no Antro do Outro, na casa do homem, nunca sei qual parceiro sou para o Outro, apenas que sou o objeto, daí a ameaça, a ameaça de destituição.

Depois, Lacan acrescentará outra resposta que não anula a primeira, mas que adiciona outra coisa: será por culpa da *língua* – falarei sobre isso amanhã. Como o sujeito pode se virar com essa casa aterrorizante, como alguém pode se adequar a esse lugar, ao mesmo tempo furado e colonizado pela *língua*, veremos amanhã. Antes, devo evocar a fantasia.

É preciso dizer que cada sujeito já se virou com o furo no Outro, e a fantasia é um dos instrumentos para lidar com esse furo, uma vez que a fantasia, que é o que sustenta o desejo, coloca na hiância do Outro um objeto ao mesmo tempo real, imaginário e simbólico, porque tem as três dimensões. E, obviamente, é toda uma questão saber se a fantasia consegue tamponar a angústia do Outro, até onde e como. Podemos ver que a fantasia, que conecta o sujeito a um objeto, dá uma resposta ao enigma: simultaneamente tampona a hiância do Outro e dá segurança com relação ao seu gozo desconhecido. É uma das razões que nos permite afirmar que o desejo é uma defesa. Na realidade, não é tão simples, porque ao mesmo tempo há uma angústia do desejo, na medida em que cada um deseja enquanto Outro; não conheço meu próprio desejo, o qual me supera.

De fato, vocês podem notar que há uma dupla face do imaginário fantasmático: de um lado, estão os sonhos agradáveis diurnos, geralmente de sucesso, de deleite profissional, as lindas histórias que cada um, às vezes, conta para si mesmo, e mais na juventude, porque à medida que a vida passa se sonha menos, me parece. De outro, estão os pesadelos aterrorizantes da noite e, às vezes, de dia também. Então, temos toda uma série: por um lado, a bruxa, o lobo mau, o ogro; por outro lado, o príncipe azul, as fadas boas, o

Papai Noel. Ambas as faces já estão inscritas nas belas histórias que contamos a nossas crianças. Somos tão bons que já damos a eles as figuras com as quais podem se virar. E hoje, além disso, o imaginário pode ser realizado virtualmente, mas isso é outro problema. É verdade, então, que se nos localizarmos no próprio nível da fantasia, vemos que a fantasia faz do furo no Outro uma solução, mas sem reduzir a produção virtual da angústia. E é por isso que, quando se fala da fantasia, também podemos até chegar a dizer que a própria fantasia é traumática. Sabemos desses sujeitos que, em toda a sua localização na vida, pensam que vão ser comidos, exterminados etc.

Aqui está o problema de saber como podemos ultrapassar, ir mais além do par da angústia. Se já leram o seminário *A angústia*, sabem que Lacan, nesse seminário, elabora sua teoria do objeto *a*, esse famoso objeto tão complexo e tão simples no fim das contas, e que, com isso, sua pretensão é mostrar que o impasse freudiano da análise, o limite da angústia insuperável da castração, esse limite pode ser ultrapassado. E Lacan pretende dar as chaves disso, falo no sentido da *clé du mystère* [chave do mistério], isto é, daquilo que pode solucionar o mistério.

O objeto que não angustiaria

Não sei se perceberam como Lacan soluciona o problema no seminário sobre *A angústia*, digo-lhes como eu entendi. Podem observar que todo o seminário *A angústia* constrói o objeto *a* sem nenhuma referência ao Édipo freudiano e ao pai. Ele não convoca a operação do pai para construir o objeto, o objeto puro, efeito de linguagem, e a linguagem não é o simbólico incluindo o pai. E repetidamente nesse seminário, Lacan evoca o Édipo freudiano, não o esquece, evoca-o e, a cada vez, para criticá-lo. Ele sempre fala de forma pejorativa, diz: ridículo, inútil, não serve para nada, é contrário à experiência clínica – o pior que pode ser dito de uma teoria analítica –, e viram que, curiosamente, por fim, última lição do seminário *A angústia*, nos anuncia que mais tarde falará dos Nomes-do-pai. É uma maneira de dizer que a solução para a angústia do Outro não se encontra no seminário *A angústia*, que precisa de uma peça suplementar que Lacan anuncia. Ademais, ele fala um pouco mais sobre isso nas últimas páginas, ao falar do pai, de seu papel, de sua função e de como um objeto pode não ser angustiante.

Quero, então, desenvolver aqui algo que finalmente consegui entender. Volto ao objeto *a*, efeito de linguagem. Como entender esse objeto, efeito de linguagem? Há uma forma muito simples. Não digo que seja simples entendê-lo no seminário sobre *A angústia*, porque Lacan está construindo, inventando, e não é didático, como quando se inventa, constrói; mas, quando retomamos a totalidade, enfim, qual é a definição primária fundamental desse objeto *a*?

Estruturalmente, como ele mesmo diz em 1976,[13] o objeto *a* é "aquilo que falta", o objeto que falta. Também diz: o objeto que "não existe mais", o que, obviamente, evoca o objeto perdido de Freud, originariamente perdido, segundo Freud, sem que Freud possa explicar como ele pode ser originariamente perdido. Lacan introduz a ideia de que a linguagem em si mesma tem um papel subtrativo. Essa tese do papel subtrativo da linguagem, que ele chamou de "minha hipótese" em *Mais, ainda*,[14] não foi produzida por Lacan no seminário sobre *A angústia*, ela se encontra antes, a partir do momento que Lacan distingue demanda, necessidade e

---

13 Lacan, J. (1975-1976). *O seminário, livro 23: o sinthoma*. Rio de Janeiro: Jorge Zahar, 2007.
14 Lacan, J. (1972-1973). *O seminário, livro 20: mais, ainda*. Rio de Janeiro: Jorge Zahar, 1985.

desejo. Nesse momento, ele já tem a ideia de que a linguagem, ou seja, o fato de a criança dever demandar, passar suas necessidades pela linguagem, implica uma perda. A subtração se encontra no princípio de todas as expansões da libido, porque algo foi perdido. A palavra assassina da coisa [*le mot meurtre de la chose*] torna possível o movimento de expansão libidinal.

Há algo em Freud sobre isso, não é uma invenção de Lacan sem referência prévia. Na última parte de *A interpretação dos sonhos*,[15] vocês podem ver a página em que Freud tenta explicar o aparecimento do desejo, a partir daquilo que ele mesmo chama de primeira experiência de satisfação. É uma ficção, obviamente, não podemos localizar na realidade a primeira. A primeira experiência de satisfação deixa uma marca, digamos um significante, ou melhor, um traço unário, e, no segundo tempo, busca-se reencontrar a primeira satisfação, e não se encontra nada além da marca – então, algo se perdeu. Laço do traço unário e da entropia. Freud, nessa página,[16] tenta explicar uma perda na origem, uma perda que tem a virtude dinâmica de impulsionar o desejo, o que podemos chamar de apetências.

E então estamos no eixo daquilo que foi chamado, na teoria analítica, de relações de objeto, isto é, a grande pergunta de Freud: como alguém consegue sair de si mesmo para desejar algo de fora? É o que chamo de expansões da libido. O esquema é simples: há uma subtração, um menos, uma perda que impulsiona um vetor que chamamos de desejo, e é por isso que Lacan define o objeto *a* como o objeto que "não existe mais", causa do desejo que busca uma compensação, um mais, que Lacan chamará mais tarde de mais-de-gozar. Vou escrever um esquema bem simples:

---

15 Freud, S. (1900). A interpretação dos sonhos. In *Obras completas*, v. 4. São Paulo: Companhia das Letras, 2019, p. 617.
16 *Ibid.*

$$\begin{array}{ccc} a & \rightarrow & (?) \\ (-) & & (+) \\ \text{Causa} & & \text{Alvo}^{17} \end{array}$$

Então, podemos escrever o objeto *a*, que "não existe mais", que é um menos que gera um vetor que chamamos de desejo. Podemos acrescentar, Lacan diz no seminário, que esse objeto *a* que falta não é qualquer falta, ele tem diversas substâncias – oral, anal etc. –, diz Lacan posteriormente, conectando-o aos objetos das pulsões parciais, segundo Freud. O problema é que, com isso que o seminário *A angústia* constrói, não sabemos para onde vai o desejo. Podemos dizer que ele vai rumo a um mais-de-gozar, decerto; mas isso não explica o alvo, e o que nos interessa na clínica é o alvo, isto é, os objetos do erotismo, os objetos erigidos na realidade, no mundo, mulher, homem e outros objetos que não são da vida amorosa, mas os diversos objetos da sublimação amorosa, artística, intelectual etc. Então, no final do seminário *A angústia*, temos esse esquema, mas nada sobre um objeto que seria um objeto determinado, temos a causa do desejo indeterminado. Um desejo, vetor infinito que pode ir em direção a qualquer coisa.

O que é que torna possível determinar os objetos do alvo? Resposta: o discurso, não a linguagem. De fato, sabemos a operação do discurso capitalista. O discurso capitalista coloca aqui o que Lacan chama de *gadgets*, com uma palavra em inglês para designar todos

---

17 Freud, S. (1915). Os instintos e seus destinos. In *Obras Completas*, v. 12. São Paulo: Companhia das Letras, 2010, p. 58. O termo *ziel* ("alvo", em alemão) pode ser traduzido por "1. alvo, mira; 2. destino, meta, chegada; 3. objetivo; 4. prazo, termo" (https://michaelis.uol.com.br/escolar-alemao/busca/alemao--portugues/ziel). Na versão da Companhia das Letras, *ziel* foi traduzido por "meta"; na versão da Imago aparece "finalidade". Nos seminários 10 e 11 de Lacan, *ziel* foi traduzido por "alvo". Optamos então por "alvo" para seguirmos, o mais próximo possível, a linha de pensamento da autora em diálogo com o texto lacaniano. [N. R.]

os produtos do mercado que não são os produtos de primeira necessidade. Os objetos são produzidos, então, e todo mundo quer comprar seu iPod, ou seu aparelho eletrônico, ou seu carro etc. Então, em inglês, usa-se *gadgets* para dizer – é uma nuance – que se trata de um produto, mas que nem todo produto é um *gadget*. Se tomarmos o exemplo do pão, o pão é um produto, mas não um *gadget*; prefiro dizer que é um objeto que passou para o símbolo do alimento mínimo, sem o qual a vida seria ameaçada, tal como arroz em outro país ou as massas... O objeto símbolo da necessidade vital que não é um *gadget*. Depois diferentes tipos de pão são feitos e o *gadget* se infiltra no próprio pão.

Então, por que Lacan introduz, por fim, a referência ao pai? Se o lerem, verão que ele introduz a referência ao pai para falar sobre o desejo do pai como um desejo indeterminado.

Isto é, ele fala do pai como alguém, um humano que colocou um objeto *a* que podemos escrever objeto sintoma, em razão das últimas elaborações de Lacan, quando ele diz que uma mulher é um sintoma para um homem.

Ora, qual é a relação disso com o ultrapassar da angústia? Lacan formula isso no final:[18] nas últimas linhas, a angústia é superada quando se sabe a qual objeto o desejo se dirige, mais precisamente, quando o objeto pode ser nomeado, e nomear não é saber. A nomeação do objeto, evidentemente, refere-se ao pai na medida em que ele nomeou um de seus objetos ao menos. Com isso, então – digo rapidamente –, podemos entender bem como a angústia, até mesmo a angústia que gera a fantasia na medida em que o objeto é desconhecido na fantasia, é resolvida. Ela é resolvida quando o desejo indeterminado se fixa em objetos determinados, possíveis de se nomear. Lacan insiste: não há realização verdadeira sem uma

---

18 Lacan, J. (1962-1963). *O seminário, livro 10: a angústia*. Rio de Janeiro: Jorge Zahar, 2005, pp. 352-366.

limitação do desejo com uma fixação em um objeto determinado, qualquer que seja. O objeto causa se transfunde – digo assim, já que Lacan usa a palavra *transfus*ão da libido – para um mais-de--gozar, um mais-de-gozar alojado em um objeto da realidade, um objeto alvo. Lacan diz: "é bem certo que alguns têm um automóvel como uma falsa mulher".[19] Sim, mas é certo que é mais fácil trocar de carro que de mulher-sintoma. Por quê? Porque simplesmente o objeto sintoma – e é por isso que Lacan o chama de sintoma – se vê escolhido não pelo mandamento do discurso comum, mas pelo discurso peculiar de cada inconsciente. Não é o discurso que gera o objeto *a*, é a linguagem, como um objeto anônimo privilegiado no corpo, anal, oral etc. Obviamente, a análise não revela ao analisante os *gadgets* do mercado, os objetos mais-de-gozar do mercado. Revela-lhe, antes, o mais-de-gozar pulsional implicado em todos os seus laços de amor, todos os seus laços eróticos enraizados, que têm suas raízes na história, nas figuras de seu passado. Esses objetos escolhidos na realidade precisam de uma operação a mais que a da linguagem, uma operação de discurso – o seminário diz assim: o objeto *a* passa pelo espaço do Outro ou pelo espaço da história. Lacan, com isso, começa a retomar o Édipo freudiano, até certo ponto, pois quando se trata do parceiro sexual, o papel do pai é dar, é presentificar um exemplo de alguém que fixou um objeto sintoma.

Aqui se abre o problema da função paterna, de sua operatividade nos laços do amor e, de forma mais geral, nos laços sociais.

---

19 Lacan, J. (1974). A terceira. Intervenção no Congresso de Roma – 31/10/1974-03/11/1974, publicada em *Lettres de l'École freudienne*, n. 16, 1975, pp. 177-203.

3. Lalíngua, traumática

Os dois saberes

Lalíngua traumática, a tese não é evidente à primeira vista, e é pouco compartilhada.

De onde ela vem em Lacan? Perguntei-me sobre em que se funda a virada que faz com que ele passe da ênfase colocada na estrutura da linguagem durante tantos anos a uma desvalorização da linguagem, em favor da *lalíngua* – escrita em uma só palavra. Esse passo ocorre no seminário *Mais, ainda* com a tese, inédita em relação ao que precede isso, que afirma que o inconsciente-linguagem é uma elucubração.[1] Mas ele precisa que é o inconsciente, situado pelo seu decifrado, aquele que se tenta captar por meio do trabalho de associação mediante transferência.

Minha hipótese é que Lacan é levado até aí por suas elaborações sobre a estrutura do simbólico. Uma fórmula decisiva nesse

---

1 Lacan, J. (1972-1973). *O seminário, livro 20: Mais, ainda*, op. cit., p. 190.

caminho é: o inconsciente "saber sem sujeito".² Saber, posto que se decifra, sem sujeito, uma vez que um significante nunca representa o sujeito, a não ser para outros, os do saber. A recorrência dessa estrutura de representação do sujeito deixa-o separado do saber inconsciente. Portanto, é necessário dizer: "Ali, onde era o saber sem sujeito, eu não poderei advir". No entanto, esse inconsciente é o seu, pois seus significantes, aqueles que são extraídos do sintoma por meio do decifrado, embora não o representem, afetam seu gozo como acontecimento de corpo. De onde vêm esses significantes intrusivos que, na realidade, não são do sujeito? A referência à lalíngua dá a resposta. De nenhuma outra parte a não ser da língua, onde a bateria do significante está dada em sua estrutura diferencial. É esse inconsciente, saber separado do sujeito, que impõe a ênfase dada à lalíngua, que se escreve em uma só palavra.

Lacan emprega o termo elucubração, que é pejorativo, para dizer que o inconsciente, decifrado em termos de saber, permanece sempre, em primeiro lugar, limitado, não se conhece nada além de um fragmento, e, mais grave, em segundo lugar, hipotético com relação ao saber depositado na lalíngua, que ele é inexpugnável. Cito: "os efeitos de lalíngua,³ que já estão lá como saber, vão bem além de tudo o que o ser que fala é suscetível de enunciar".⁴ Lacan conclui de maneira mais geral que a linguagem, isso não existe, ela é o que se tenta saber sobre a lalíngua, inclusive na linguística, que, no fim das contas, também terminará por atribuir à elucubração, isto é, ao "delírio" científico.

---

2 Lacan, J. (1969). O ato psicanalítico. In Outros escritos. Rio de Janeiro: Jorge Zahar, 2003, p. 372.
3 Na edição consultada em português, "alíngua". Optamos por "lalíngua". Damos com isso preferência à homofonia que Lacan acentuara entre "lalangue-lallation" [lalingua-lalação]. [N. T. B.]
4 Lacan, J. (1972-1973). O seminário, livro 20: Mais, ainda, op. cit., p. 190.

É preciso entender bem que essa disparidade afirmada do saber de *lalíngua* e do saber do inconsciente-decifrado tem a ver com a estrutura diferencial do significante. Caso contrário, a própria tese pareceria elucubrada. O ato de decifrar, extrair, portanto, alguns significantes de tudo aquilo que é dito em torno do sintoma, esse ato consiste em fazer passar um S_2, saber ignorado, para o lado do S_1. Lacan formulou isso explicitamente. Pelo decifrado de um significante ignorado do saber, que não representa o sujeito, mas regula seu gozo no sintoma, um S_2, portanto, quer o chamem de signo ou letra, isto é, um significante causa e objeto de gozo, torna-se S_1, não significante do sujeito, mas significante mestre de seu gozo. O que não significa que a estrutura da representação desse S_1, na medida em que o saber se reduz, é recorrente.

É o que o esquema a seguir inscreve: $(S_1 (S_1 (S_1 \to (S_2))))$.[5] Este é o homólogo, do lado do S_2, saber inconsciente, do esquema da divisão do sujeito com o saber:

$$S_1 \to |\ S_2$$
$$|\ (S_1 (S_1 (S_1 \to S_2))).$$

A *lalíngua* aparece, então, como o grande depósito a partir do qual o decifrado extrai alguns fragmentos, mas que permanece sendo saber inexpugnável.

---

5 *Op. cit.*, p. 196.

Lalíngua então

As referências são numerosas: o seminário *Mais, ainda*,[6] "Televisão",[7] "A terceira",[8] o seminário *RSI*,[9] a "Conferência de Genebra",[10] o seminário *O sinthoma*[11] e algumas observações posteriores no seminário *L'insu que sait de l'une-bévue s'aile à mourre*,[12] bem como o texto *O momento de concluir*.[13]

Por que escrever o termo em uma única palavra – *lalangue*? Vejo duas justificativas.

Lacan dá uma delas: pela homofonia com lalação [*lallation*]. *Lalação* vem de *lallare*, vocábulo em latim que designa o ato de cantar "lá, lá...", dizem os dicionários, para fazer as crianças dormirem. O termo refere-se ao balbucio da criança que ainda não fala, mas produz sons. A lalação é o som desconectado do sentido, contudo, como se sabe, não desconectado do estado de satisfação da criança. Aqui um pequeno parêntese: uma observação em Joyce, que parece enigmática, e até mesmo pouco séria, o que se explica a

---

6 Ibid.
7 Lacan, J. (1974). Televisão. In *Outros escritos*. Rio de Janeiro: Zahar, 2003, pp. 509-543.
8 Lacan, J. (1974). A terceira. Intervenção no Congresso de Roma – 31/10/1974-03/11/1974, *op.cit.*, pp. 177-203.
9 Lacan, J. (1974-1975). *O seminário: RSI*. Edição de circulação interna. Centro de Estudos Freudianos de Recife.
10 Lacan, J. (1975). Conférence à Génève sur le symptôme. In *Le Bloc-notes de la psychanalyse*. Paris: 1985, n. 5, pp. 5-23. Versão em português: http://www.campopsicanalitico.com.br/pdf.
11 Lacan, J. (1975-1976). *O seminário, livro 23: o sinthoma*. Rio de Janeiro: Jorge Zahar, 2007.
12 Lacan, J. (1976-1977). *O seminário, livro 24: l'insu-que-sait de l'une-bévue s'aile a mourre*. [Inédito]. Ver: http://www.campopsicanalitico.com.br/pdf.
13 Lacan, J. (1977-1978). *O seminário, livro 25: momento de concluir*. [Inédito]. Ver: http://www.campopsicanalitico.com.br/pdf.

partir daí.[14] Falando de sintoma, ele fala de acontecimento de corpo, "ligado a isso que: *l'on l'a, l'on l'a de l'air, l'on l'aire, de l'on l'a*. (A gente o tem, a gente tem ares de, a gente areja a partir do a gente o tem). Isso pode até ser cantado"[15] em algumas ocasiões. O que está implícito nessa observação é a ligação de *lalíngua* primariamente *lalada*, por assim dizer, com o corpo de gozo.

A lalação evoca a língua emitida, anterior à língua estruturada da criança, isto é, a língua inicialmente ouvida. Lacan dizia, por outro lado: *lalíngua*, em uma única palavra, isto é, a língua materna, em outras palavras, a primeira ouvida paralelamente aos primeiros cuidados do corpo.

Segunda razão: uma só palavra designa uma função que não deve ser confundida com a distinção entre as diversas línguas, no sentido dos idiomas. Não se pode separá-los completamente; além disso, Lacan fala em algum lugar das *lalínguas*, em uma única palavra. O que quer dizer que em cada língua, na medida em que são diferentes umas das outras, se encontra uma função de *lalíngua* como uma função translinguística.

O que distingue a *lalíngua* das línguas é que o sentido não está ali. Em "Televisão", ele formula isso: a língua não dá nada além da "cifra do sentido",[16] e cada um de seus elementos pode adquirir qualquer sentido. É por isso que Lacan pode dizer em outra ocasião que a *lalíngua* não tem nada a ver com o dicionário. Mas cada língua se assegura do dicionário, precisamente. O dicionário faz o inventário dos elementos um por um, ou seja, dos significantes, e indica os sentidos que o uso fixou, com o apoio de citações. O fato de o sentido resultar do uso prova que cada língua vem do

---
14 Aubert, J. (org.) (1987). *Joyce avec Lacan*. Paris: Navarin, p. 35.
15 Lacan, J. (1975). Joyce, o Sintoma. In *Outros escritos*. Rio de Janeiro: Jorge Zahar, 2003, p. 565.
16 Lacan, J. (1973). Televisão. In *Outros escritos, op. cit.*, p. 515.

discurso, a saber daquilo que se disse, dicção, dentro de um dado laço social, sempre historicizado – tenham isso em conta. As citações do dicionário são o recurso que se faz uso e até mesmo uso autorizado. Não me detenho nos outros usos, que se definem como não autorizados, as diferentes gírias, jargões, e naquilo que se chama de registros linguísticos, que correspondem ao fato de que os vínculos sociais não são homogêneos, e que o uso varia em função das classes, da mídia, da instrução etc. O que se chama de língua viva é uma língua em evolução. O dicionário, ao introduzir as novas palavras e locuções, abandonando as palavras obsoletas etc., trata de fixar a configuração do atrelamento entre as palavras e seu significado em um dado momento. Dizer que a *lalíngua* não tem nada a ver com o dicionário[17] indica o quê? Isso quer dizer que na *lalíngua* falta esse compromisso das palavras com seu significado.

Mas, então, onde encontrar o elemento unidade? Jakobson havia apontado que o fonema é uma unidade diferencial que não tem sentido. Mas a palavra também não, observa Lacan. Qualquer palavra pode ter qualquer sentido e, portanto, os elementos, os Uns, são problemáticos, até mesmo "indecisos", diz Lacan. A *lalíngua* é feita de Uns que são significantes, mas em nível básico, definidos pela pura diferença. Na língua, há somente diferenças, e a diferença começa nos fonemas e chega a abranger todo o discurso, passando pelas palavras, pelas locuções, pelas frases. O Um encarnado na *lalíngua*, cito, "é algo que resta indeciso entre o fonema, a palavra, a frase, mesmo todo o pensamento".[18]

---

17 Lacan, J. (1971-1972). *Conferências O saber do psicanalista*. (Aula de 04/11/1971). [Inédito]. No original, Lacan afirma o seguinte (tradução nossa): "Pois bem, *lalíngua* não tem nada a ver com o dicionário, seja ele qual for. O dicionário tem a ver com a dicção, isto é, com a poesia e com a retórica, por exemplo". [N. T. B.]
18 Lacan, J. (1972-1973). *O seminário, livro 20: Mais, ainda*, op. cit., p. 196.

Daí o problema que Lacan levanta, de se saber como se passa desses uns de pura diferença ao significante Uno, com letra maiúscula, S_1, ou até mesmo ao enxame que ele pode formar. Em "A terceira"[19] ainda insiste nisso, mas deixo essa questão de lado.

Diferentemente do simbólico, a *lalíngua* não é um corpo, mas uma multiplicidade de diferenças, diferenças que não tomaram corpo, contudo. Não há o (-1) que faria um conjunto. Não há ordem na *lalíngua*. Não se trata de uma estrutura, nem de linguagem, nem de discurso. Para a primeira (a linguagem), é o par ordenado do sujeito que a inscreve: $S_1 \rightarrow S_2$ está no fundamento da transferência, como ele escreve na "Proposição de 1967",[20] e estrutura também a associação livre e todos os seus efeitos de sentido. Para o segundo (o discurso), é o laço social ordenado pelo semblante escrito em todos os discursos, acima à esquerda.

Todo discurso é uma ordem. Não é esse o caso da *lalíngua*, que é o nível a-estrutural do aparelho verbal. Poder-se-ia dizer que a *lalíngua* é uma proliferação pulverulenta? Não, já que isso não designaria a *lalíngua* em si, mas um uso fora do discurso da *lalíngua*. A *lalíngua* é, antes, cito, a "integral dos equívocos possíveis",[21] os quais, no entanto, não constituem um todo.

De onde vêm os uns de uma língua? Não do acaso. Cito "A terceira": a *lalíngua* "é o depósito, a aluvião, a petrificação que se marca a partir do manejo por um grupo de sua experiência inconsciente".[22] A experiência inconsciente implica o efeito da palavra

---

19 Lacan, J. (1974). A terceira. Intervenção no Congresso de Roma – 31/10/1974-03/11/1974, *op.cit.*, pp. 177-203.
20 Lacan, J. (1967). Proposição de 9 de outubro de 1967 sobre o psicanalista da Escola. In *Outros escritos*. Rio de Janeiro: Zahar, 2003, pp. 248-264.
21 Lacan, J. (1972). O aturdito. In *Outros escritos*. Rio de Janeiro: Jorge Zahar, 2003, p. 492.
22 Lacan, J. (1974). A terceira. Intervenção no Congresso de Roma – 31/10/1974-03/11/1974, *op. cit.*

sobre o corpo substância. Isto é, o discurso ordenou e veiculou de gozo, dentro de um laço social determinado, sempre histórico, que faz depósito em uma língua. E quando digo o discurso, isso inclui as produções mesmo as mais banais, as mais comuns de um discurso, bem como as invenções mais sublimadas e as mais originais da poesia e da literatura. (Aqui se acrescentaria a questão, à qual voltarei em breve, do discurso privado que constituiu o sujeito.) Poder-se-ia dizer, pois, que uma língua é permanentemente engrossada[23] pelo gozo que ordena a palavra e seus significantes gozados. Mas um termo como engrossada, que evoca a vida, não é adequado para nada. Uma língua é, antes, um cemitério. Traduzo assim aquilo que Lacan nota: ainda que chamada de viva, ainda quando está em uso, uma língua é sempre uma língua morta. Ela é, cito, "a morte do signo que ela veicula",[24] o gozo depositado, sendo o gozo passado ao um do signo ou da letra, o gozo mortificado, então, que "se apresenta como madeira morta",[25] cemitério então, mas em constante reatualização como os verdadeiros cemitérios, decerto.

Novos signos são admitidos ali, signos que gostaria de chamar de *ex-corporados*, a partir das experiências vitais que, ao passar ao verbo, secretam novas palavras, frases, equívocos, os quais não esperam nenhum dicionário para estar em uso, com todo o respeito aos acadêmicos, e "em uso" quer dizer uso de gozo. Em contrapartida, outros signos caem em desuso, são eliminados, uma vez que são inapropriados à atualidade dos gozos, então ficam fora de uso. A língua está morta, mas ela vem da vida, e todo o problema consiste em saber como uma língua morta pode incidir sobre o ser vivo, traumaticamente.

---

23 Por homofonia se evoca em francês *engrosser* seguindo a expressão "*engrosser une femme c'est lui faire un enfant*" [engravidar uma mulher é lhe fazer um filho]. [N. R.]
24 *Ibid.*
25 *Ibid.*

Os effects *[afetos/efeitos]*[26] da lalíngua

A *lalíngua* é saber inexpugnável, mas não sem efeitos, pois, caso contrário, não haveria razão para se interessar por ela, efeitos que são afetos: a *lalíngua* afeta o gozo.

Essa tese se distingue da questão do gozo da *lalíngua*. Que se possa gozar da *lalíngua* é algo que está apoiado pela experiência do poeta, dos letrados em geral e também do esquizofrênico, que prescinde do simbólico, mas não da *lalíngua*. Isso é algo que pode ser provado pelo último Joyce.

O que nos dá testemunho do fato de que a *lalíngua* afeta o gozo vivente do ser que fala? Como se sabe? É preciso colocar essa questão, pois a tese está longe de ser compartilhada. O século XX, chamado de século da linguagem, não é o século dos efeitos da língua, pelo contrário – paradoxalmente, uma vez que se acredita que a linguagem em si é um produto do cérebro (vejam Chomsky). O que isso prova? Que a *lalíngua*, em sua diferença com a linguagem, afeta o ser vivo? Vou colocar os argumentos em série:

1. O gozo experimentado vai para a *lalíngua*. Seguramente, uma vez que uma língua evolui em função das comunidades de vida. Vejam o problema atual do inglês e as principais dificuldades de tradução entre o inglês da Inglaterra, dos Estados Unidos e da Austrália. Sem esquecer do quarto, desastroso se quiserem, mas interessante para nós, o inglês internacional, reduzido a seu uso de comunicação, para o qual foi feito, mas a preço de um empobrecimento que salta aos olhos em relação às línguas inglesas que acabei de mencionar. Esse mesmo empobrecimento mostra que a função de comunicação não é nem primeira nem fundamental, e

---

26 Em francês, *effects* é um neologismo de Lacan que condensa as palavras *effet* [efeito] e *affect* [afeto]. [N. T. E.]

que uma língua evolui, na realidade, recolhendo as palavras que surgem do existencial. O afeto, no sentido do inefável experimentado, faz palavra. Tese já presente em Lacan em "De uma questão preliminar a todo tratamento possível da psicose".[27] Também seria preciso estudar o fracasso do esperanto. Foi um esforço para desprender a língua diplomática dos poderes nacionais e criar uma língua politicamente neutra. Seu fracasso pode ser comparado ao aumento do inglês internacional, o qual, no entanto, e por mais empobrecido que seja, não é politicamente neutro.

2. Outro argumento vem de *Mais, ainda*,[28] mais ligado à experiência analítica. Sabemos que os efeitos da *lalíngua* superam tudo o que se pode saber sobre eles, de modo que o ser falante apresenta todo tipo de afetos que continuam enigmáticos. Advirto aqueles que imaginam que, ao final de uma análise, o sujeito já não conhecerá mais afetos discordantes, mas apenas afetos em sintonia com a situação do momento. Essa nunca foi a tese de Lacan: no final, o sujeito fica "sujeito a afetos imprevisíveis".[29] Um desses efeitos/afetos [*effects*] é a satisfação do blá-blá, o que se satisfaz, estranhamente, sempre que algo se diga e não se diga, e sem que se saiba por quê. Nada a ver com a satisfação da comunicação, do pseudodiálogo. Tem-se o testemunho disso, por exemplo, no fato, amplamente testemunhado na análise, mas também na experiência de cada um, de que um sonho pode alterar o humor, o estado de ânimo durante o dia todo, em um sentido ou noutro, decerto. O imprevisível enigmático do afeto é ali um signo, segundo Lacan, de que sua causa está no saber inexpugnável da *lalíngua*.

---

27 Lacan, J. (1998). De uma questão preliminar a todo tratamento possível das psicoses. In *Escritos*. Rio de Janeiro: Jorge Zahar, pp. 537-590.
28 Lacan, J. (1972-1973). *O seminário, livro 20: Mais, ainda, op.cit.*, pp. 9-157.
29 Lacan, J. (1967). Discurso na Escola Freudiana de Paris. In *Outros escritos*. Rio de Janeiro: Jorge Zahar, 2003, p. 283.

Esse é um acréscimo capital à tese clássica da análise sobre o afeto. O afeto não é um instrumento na técnica do decifrado, digo isso frequentemente. Essa é a tese freudiana de origem: o afeto não é confiável porque ele está deslocado; e Lacan acrescentará: exceto a angústia. Não confiável quer dizer que ele não assegura nenhum saber. Eis um aspecto bem distinto do que se apresenta: o afeto, na medida em que é precisamente enigmático, faz signo dos efeitos do saber não sabido da *lalíngua*.

3. O argumento principal, mais elaborado a meu ver, para assegurar os efeitos da lalíngua se encontra na "Conferência de Genebra":[30] que o gozo do sintoma possa ser movido pelo verbo implica que "neste encontro entre estas palavras e seu corpo [...] alguma coisa se esboça".[31] De fato, uma coerência deve ser assumida entre o método que opera sobre o sintoma e o momento em que ele é constituído. Trata-se de vincular o fato de que, por um lado, é no início da infância que seus sintomas se cristalizam e, por outro lado, não analisamos sem as associações do sujeito.

O método em questão é aquele que Freud inventou e expôs na série de textos em torno de *A interpretação dos sonhos*,[32] *Psicopatologia da vida cotidiana*[33] e *O chiste e sua relação com o inconsciente*,[34] que não passa pelos símbolos ou arquétipos do discurso como acreditava Jung, mas pelas associações próprias do sujeito, sempre singulares. É no falar do sujeito que a interpretação se apoia.

---

30 Lacan, J. (1975). Conférence à Génève sur le symptôme. In *Le Bloc-notes de la psychanalyse*, *op.cit.*, pp. 5-23.
31 *Op.cit.*, p. 7.
32 Freud, S. (1900). A interpretação dos sonhos. In *Obras completas*, v. 4. São Paulo: Companhia das Letras, 2019, pp. 14-699.
33 Freud, S. (1901). Sobre a psicopatologia da vida cotidiana. In *Obras psicológicas completas: Edição Standard Brasileira* (v. VI). Rio de Janeiro: Imago, 1996, pp. 13-272.
34 Freud, S. (1905). O chiste e sua relação com o inconsciente. In *Obras completas*, v. 7. São Paulo: Companhia das Letras, 2017, pp. 13-334.

Bem, agora, segundo Freud, ao ler as seções dedicadas ao sentido dos sintomas em *Conferências introdutórias à psicanálise*,[35] o sentido não se interpreta corretamente, quer dizer com efeitos de redução do sintoma, mas em função dos primeiros encontros com a realidade sexual. Que o verbo e o sexo sejam as duas molas conjuntas de uma interpretação eficaz permite concluir, com alguma plausibilidade, que há "coalescência" entre esses dois dados fundamentais. Eles representam duas heteridades distintas.

Freud chamou a realidade sexual de autoerótica em primeira instância, mas Lacan não compartilha desse qualificativo. Trata-se do encontro com a ereção, o pinto. Encontro quer dizer que não é autoerótica, mas hétero, estrangeira. Primeira sensação de um gozo fora do corpo, anômalo ao corpo, que "arrebenta a tela"[36] (referência a Mishima, que ficara tão atordoado). Arrebenta a tela porque isso não vem de dentro da tela. É objeto, se for esse o caso, de uma recusa, quando o sujeito teme isso como o Pequeno Hans, e o transforma, por exemplo, em uma fobia.

Lacan ressalta o fato de que antes desse mesmo período precoce, a criança recebe o discurso. Mas, cuidado: não é qualquer aprendizado. É uma impregnação: "o inconsciente [...] é a maneira que teve o sujeito [...] de estar impregnado, poderíamos dizer, pela linguagem",[37] de carregar a marca. O termo exclui o domínio, a apropriação ativa. Designa essa coisa estranha, mas que se constata sem dúvida alguma que, antes de poder fazer suas frases, o sujeito reage corretamente a expressões complexas que, no sentido próprio, ele não compreende e não sabe manejar, que há uma

---

35 Freud, S. (1916-1917). Conferências introdutórias à psicanálise. In *Obras completas*, v. 13. São Paulo: Companhia das letras, 2014, pp. 14-613.
36 Lacan, J. (1974). A terceira. Intervenção no Congresso de Roma – 31/10/1974-03/11/1974, *op. cit.*
37 Lacan, J. (1975). Conférence à Génève sur le symptôme. In *Le Bloc-notes de la psychanalyse*, *op.cit.*, pp. 5-23.

espécie de rara sensibilidade. Dessa receptividade para a alteridade da *lalíngua*, daquilo que ele chama de água da linguagem, restam, cito, "alguns detritos".[38] A água da linguagem conota a fluidez, o contínuo sonoro do ouvido a-estrutural. Detritos, estilhaços, em outro momento ele chama de depósito – todos esses termos significam um mais aquém do manejo dos pontos de estofo. Os estilhaços são o real, fora de sentido, sob a forma do Um sonoro, recebido pelo ouvido. Pois não esqueçamos que a linguagem é adquirida pelo ouvido. E esses são, cito, "os detritos aos quais, mais tarde [...] serão acrescentados os problemas daquilo que vai assustá-lo".[39]

A lalação, a melodia, o ruído dos sons desprovidos de sentido, mas não de presença, opera antes do estofamento da linguagem. Isso coloca, obviamente, a questão daquilo que os sujeitos que não têm acesso ao som – os surdos – encontram como substituto – e têm de encontrar um, já que eles têm acesso à linguagem.

Coalescência entre a impregnação por meio do discurso e o momento do encontro com o sexual, aqui o fálico. "É pelo modo como *lalíngua* foi falada e também ouvida por tal ou qual em sua particularidade, que alguma coisa em seguida reaparecerá nos sonhos, em todo tipo de tropeços, em toda espécie de modos de dizer".[40] Tal é a *materialidade* [*motérialité*][41] do inconsciente, o que dá conta do sintoma.

Gostaria de ressaltar o passo que se dá, nessa passagem, da incidência causal da linguagem para a língua *lalada*, por assim dizer.

O inconsciente estruturado como uma linguagem era pensado como composto de significantes, mas os significantes não eram

---

38 *Ibid.*
39 *Ibid.*
40 *Ibid.*
41 Neologismo de Lacan criado a partir dos vocábulos *mot* (palavra) e *matérialité* (materialidade). [N. T. B.]

necessariamente as palavras. Lacan, por um bom tempo, insistiu na ideia, forjada sobre o modelo da estrutura linguística, que todo elemento discreto e combinável funcionava como um significante. Vocês conhecem o exemplo da tirada significante que atravessa o discurso ao longo das gerações. A *lalíngua*, em contrapartida, pode na verdade recolher as imagens saídas do discurso, mas seu saber se reduz aos uns de sua moterialidade, e o inconsciente é pensado como o efeito direto dos elementos, um a um, palavra por palavra, precedendo as frases da própria criança. Esse é o primeiro ponto.

Segundo ponto: essa passagem não exclui a função do Outro, da qual temos falado até aqui e que é mais conhecida. Lacan a retoma nessa mesma conferência, e em outra ocasião. Cito: "Os pais [*parents*] modelam o sujeito nessa função que intitulei de simbolismo [...] a maneira pela qual lhe foi instilado um modo de falar, não pode senão levar a marca do modo pelo qual foi aceito por seus pais".[42] Isso se assemelha muito à tese clássica que dizia que o desejo circula na palavra. Mas com a moterialidade estamos mais aquém da distinção significante/significado, já que os sons, que se distinguem uns dos outros, precedem o sentido no que foi escutado – lá, lá, lá –, como o um precede aos outros dois da cadeia. Portanto, os uns enigmáticos, que estão na superfície da canção daquilo que é escutado, têm um efeito direto, conjugando-se com o enigma do sexo. Não há pré-verbal no falante, dizia Lacan, mas há pré-linguagem, no sentido da cadeia significante. A canção, ou melhor, "a melodia" dos pais não é a mensagem do Outro e a excede como o inconsciente-*lalíngua* excede o inconsciente-linguagem. Essa é a razão pela qual, à maneira de falar do Outro, se deve acrescentar, o que Lacan faz, a maneira de ouvir da criança. O que isso determina?

---

42 Lacan, J. (1974). A terceira. Intervenção no Congresso de Roma – 31/10/1974-03/11/1974, *op. cit.*

Muitas vezes, o analisante se pergunta com relação àquilo de que não consegue se desfazer, mas por quê? Não há por que fora da contingência. Há um toque [*touché*] daquilo que é ouvido que limita bastante a responsabilidade dos pais para com os filhos.

Aqui se poderia, como parênteses, introduzir considerações sobre a transmissão da qual tanto se fala, e que a psicanálise contribuiu tanto em exaltar. A objeção a qualquer domínio da transmissão – domínio que faz o ideal do educador, bem como o drama e a impotência dos pais –, objeção que Lacan em primeiro lugar abordou por meio do desejo inconsciente, em seguida é transferida para a antecedência da *lalíngua*.

Detenho-me um momento nas fórmulas de Lacan: um modo de falar ali onde antes se dizia discurso do Outro. Discurso do Outro: não há nada impreciso nessa noção. O significante é escutado, está nas linhas. O que se diz nas entrelinhas, no intervalo significante, se interpreta e se denomina desejo e fantasia. Um modo de falar é, pelo contrário, uma expressão imprecisa, mais geral e mais ampla também, e que seria difícil reduzirmos a termos de estrutura. Sem dúvida, é preciso considerar o fato de que se trata de uma conferência dirigida a um público indeterminado. Mas não creio que seja essa a razão fundamental.

O modo de falar inclui a estrutura da linguagem, mas acrescenta algo. Na estrutura da linguagem, a singularidade é marcada pelos significantes particulares e pela fantasia específica, uma e outra relativamente apreensíveis. A maneira de falar acrescenta, penso eu, algo como o estilo de falar com o que isso tem de fraseado, de ritmo, de respiração, que passa também no nível daquilo que é escutado, que, por sua vez, compromete o corpo e eleva parcialmente, às vezes, a palavra à dimensão de espetáculo. Na aproximação entre os semelhantes, nos julgamentos de simpatia, antipatia à primeira vista, essa *diz-mensão* [*dit-mension*][43] está sempre muito presente, mas é muito difícil de definir. Essa é a razão pela qual empreguei a palavra "canção" do Outro para designar o que há de "*lalalado*", se puder forjar esse particípio passado servindo-me do verbo latino *lallare*, o que há de *lalado* na palavra articulada do Outro.

Entretanto, lembremos aqui o que já mencionei: o um é indeciso na *lalíngua*. Ele vem do sonoro, contudo, não se reduz ao fonema, ele pode chegar até a unidade da frase, funcionando algo do Um. Em outras palavras, e aqui, atenção: a holófrase precede a frase. A holófrase, definida como uma solda entre o S_1 e o S_2 da frase, que suprime o intervalo e, dessa forma, faz funcionar como algo do Um só, essa holófrase a qual Lacan, no *Seminário 11*,[44] dizia ser o próprio de toda uma série de casos que vão da debilidade mental à psicose, pois bem, podemos deduzir que ela recebe, a partir desses desenvolvimentos de 1975 sobre a *lalíngua*, uma função mais básica e mais ampla. A palavra materna veicula o que vou chamar de *jouis-signes* [gozo-signos/signos gozados], distintos de sua mensagem articulada. Receber a mensagem e receber a *lalíngua* são duas coisas conjuntas, mas que é necessário distinguir, bem como seus respectivos efeitos.

---

43 *Dit-mension* ["diz-mensão" literalmente] faz um jogo homofônico entre as palavras "dimensão" [*dimension*] e "dito" [*dit*]. Trata-se de um "neologismo inventado por Lacan que equivoca *mension* e *mention* (ação de nomear, uma breve nota, indicação de uma apreciação favorável de um júri...) e, ainda, *mansion* (cada parte de uma representação figurada, simultânea, sob uma cena de teatro na Idade Média). Para o inglês e [para o português brasileiro], *mansion*, que corresponde à 'mansão', possibilita que se dê à *dit-mension* uma significação de 'mansão do dito'. No *Seminário 22: RSI* (Aula de 14/01/1975), Lacan vai se referir a esse significante como uma 'mansão do dizer', para conceber a noção do espaço como uma realidade operatória da topologia". [N. T. B.]
44 Lacan, J. (1964). *O seminário, livro 11: os quatro conceitos fundamentais da psicanálise*. Rio de Janeiro: Jorge Zahar, 1985.

A lalíngua, *traumática*

Onde está o traumatismo em tudo isso? As marcas deixadas pela coalescência entre os detritos da linguagem e o trauma do fálico são suficientes para dizer *lalíngua* traumática, ainda que ninguém tenha a sensação de ser traumatizado por ela – pelo contrário, muitos sujeitos que se encontram mal podem dizer que encontraram sua salvação graças às palavras. Mesmo sem passar por Joyce, uma recente entrevista de Elfriede Jelinek, prêmio Nobel de Literatura, publicada pelo *Le Monde des livres* em 19 de janeiro, atesta isso. Não é um caso único. Há sujeitos que encontram, no nível da *lalíngua*, algo como uma salvação.

O analisante se queixa do Outro, não há exceção sobre esse ponto. Ele se queixa do que ele articulou, do que não articulou, do que recebeu, bem como do que não recebeu, ou pelo menos do que ele acha que recebeu ou não. Daí a ênfase dada à transmissão dos efeitos chamados simbólicos da palavra a partir das figuras do Outro nas gerações. Ao contrário, só raramente ele se queixa da língua.

Dando ênfase à *lalíngua*, Lacan não rejeita a incidência do Outro, sob a forma especialmente dos pais [*parents*], como disse, mas há um deslocamento do ponto de impacto: do peso da palavra do Outro (articulada em linguagem), ele passa para o peso da *lalíngua* do Outro, a língua ouvida do Outro. Bem, trata-se de uma passagem do simbólico para o real. A *lalíngua* não é do simbólico, é do real. Do real porque ela é feita de Uns, fora da cadeia e, consequentemente, fora de sentido (o significante se torna real quando está fora da cadeia), mas de Uns que, por outro lado, estão em coalescência enigmática com o gozo. Como disse, uma língua recolhe os signos deixados pelas experiências de gozo; é preciso acrescentar que a *lalíngua* singular que chega ao sujeito por meio do Outro não deixa de portar a marca de seus gozos, daí a afirmação da obscenidade da *lalíngua*, da qual seria possível dizer que marca o sujeito de gozo-signos, ao mesmo tempo enigmáticos e improgramáveis. Desde o princípio, o banho da *lalíngua* implica, para cada falante, um laço com o Outro, mas um laço que não é intersubjetividade, que até mesmo se duvidaria em qualificar de social, propriamente falando, um laço que funda suas raízes em uma transmissão de obscenidade singular, a qual reaparece no sintoma.

Do sintoma à lalíngua

Ali onde Lacan indica a passagem da *lalíngua*, ouvida primeiramente na infância, ao sintoma, façamos o caminho inverso para medir o que essa tese implica no que diz respeito ao inconsciente.

Volto, então, a partir do sintoma. Este se apresenta como furo do sentido, na entrada. O trabalho analítico é motivado pelo insensato – termo que Lacan usava quando se referia a Jaspers. O insensato mediante as espécies geralmente de uma formação que desafia, ao mesmo tempo, a compreensão e a vontade. Mas não é unicamente o sintoma. É o lapso, o ato falho, o sonho, tantos fenômenos que constituem unidades fora de sentido. O trabalho analítico de associação consiste em conectar essa unidade fora de sentido com outros significantes associados que lhe conferem sentido. Ele passa, então, do Um errático à cadeia. Uma análise, dizia Lacan em 1973, fornece ao analisante o sentido de seus sintomas, sentido sempre partícula, hostil ao bom senso compartilhado. O problema é que o sentido não resolve o sintoma, mas, antes, faz com que ele prospere. A resistência do sintoma à elaboração de sentido, especificamente mediante as espécies do sentido edípico, foi registada muito cedo no movimento analítico, que foi como que traumatizado pelo amortecimento de seus resultados. Algo resistia. Não me estendo sobre isso.

O movimento analítico registrou, mas somente Lacan chegou a concluir, embora tarde, que a via analítica não era o sentido. Quando digo a via, designo tanto aquela que conduz à fixação do sintoma quanto aquela que se dirige rumo à sua redução, sabendo que se trata da mesma via. Se o sintoma vem do real, fora de sentido da *lalíngua* obscena, ele não pode ser reduzido, a não ser pelo real.

O sintoma vem do real, e duplamente: do real da substância gozo e do real da *lalíngua*. Aí entendemos como Lacan chega a uma redefinição do inconsciente como real, fora de sentido. Trata-se do inconsciente "saber falado", da *lalíngua*. Há o inconsciente elucubração. Ou seja, decifrado, que permite que o sujeito se aproprie de algumas das letras de seu sintoma, isto é, "saber algo", mas só um pouco. E, em seguida, o inconsciente-*lalíngua*, que não é do simbólico, que é real, fora de alcance. Lacan menciona: "o mistério do corpo falante".[45] Entendam o mistério do corpo afetado pelo saber da *lalíngua* do sujeito, de forma sempre singular e, acrescento, incalculável. Um sujeito, na medida em que fala, se inscreve dentro da genealogia do discurso, mas o sintoma que o divide como acontecimento de corpo, corpo marcado pela *lalíngua*, não tem genealogia, mesmo se carregar a marca da *lalíngua* materna. Com o acontecimento de corpo não se está no nível da lógica, nem no da linguagem, nem mesmo no da fantasia, mas no nível dos rastros de um encontro contingente. Contingência que o sujeito assumirá ou não.

Posso responder, agora, a uma pergunta que tinha deixado pendente há alguns anos, a da análise dessas analfabetas que são as crianças muito pequenas ainda no estágio da pré-linguagem.

---

[45] Lacan, J. (1972-1973). *O seminário, livro 20: Mais, ainda*. Rio de Janeiro: Jorge Zahar, 1985, p. 178.

Hoje digo: existem analisantes que não sejam analfabetos? É preciso dizer que o sintoma pode ser escrito, mas nem por isso deixa de ser, ele também, analfabeto. O que me impediu de perceber isso, naquela época, era uma distinção insuficiente com a estrutura ortográfica. O sintoma, escrito em letra de inconsciente, é do escrito que precede a desmaternalização da *lalíngua*, do escrito sem ortografia e sem sintaxe. O sintoma é sempre disortográfico por definição. Na verdade, é por isso que, no fim das contas, a disortografia é um sintoma especial. Disortográfico, ou se preferirem *sinngraphique* [*sinngráfico*], com os dois "n" – de *sin*, que significa "pecado" em inglês. E como se sabe que não há mais pecado que o do gozo, tampouco de *ortopecado*. Concluo: analisar é buscar o analfabeto. Não é o mesmo dizer que é buscar o infantil, já que a tese não implica que a criança seja infantil, porém mais perto do real. É o adulto que sonha acordado. Analisar, então, é conduzir o sujeito até seu ponto de analfabetismo [*analphabétisme*], e escrevam "analfabetismo" com acento circunflexo [*ânalphabétisme*] para que não se esqueçam de que o significante é burro [*âne*], ou, mais precisamente, uma besta [*bete*], o significante é besta, o qual quer dizer: fora de sentido e contingente.

O passe ao real

Volto novamente à análise do sintoma. Pode-se aplicar a ele o esquema que Lacan utilizou para o lapso. Havia comentado as frases que abrem o "Prefácio à edição inglesa do *Seminário 11*",[46] o qual tínhamos tomado como tema do Seminário de Escola dos anos 2005-2006. Volto aí. Acho que no que diz respeito à definição do

---

46 Lacan, J. (1976). Prefácio à edição inglesa do *Seminário 11*. In *Outros escritos*. Rio de Janeiro: Jorge Zahar, 2003, pp. 567-569.

inconsciente, esse prefácio está, na realidade, em ruptura com o capítulo do *Seminário 11* sobre o inconsciente, e apresenta aquilo que chamei de um modelo reduzido da queda da transferência e de um passe ao inconsciente real.

Cito a primeira frase: "Quando o *esp* de um *laps* – ou seja, visto que só escrevo em francês [também é válido para o espanhol e o português], o espaço de um lapso – já não tem nenhum impacto de sentido (ou interpretação), só então temos certeza de estar no inconsciente. O que se sabe, consigo".[47] Deixo de lado a alusão implícita e irônica ao tempo e ao espaço da *Estética transcendental* de Kant, e resumo de memória aquilo que dizia a respeito. O lapso de tempo do lapso que substitui outra palavra àquela esperada é sempre breve, pontual. Ao contrário de seu espaço, quero dizer com isso que o alcance das associações mediante transferência que se insertam nele é extenso. É o espaço transferencial da historicização do sujeito. Digamos, da produção de seus ditos de verdade. O termo "não ter mais um alcance de sentido" designa um efeito de redução ao real do elemento oriundo da *lalíngua*.

Em primeiro lugar, então, o lapso em surpresa; em seguida, o espaço da historicização transferencial, com seu alcance de sentido. É o espaço do inconsciente-verdade, freudiano no fundo, até a redução do lapso ao único significante fora de sentido, desprendido de toda suposição de sujeito. É um passe ao inconsciente real. Lacan nos dá aí aquilo que chamarei de um modelo reduzido da queda do sujeito suposto ao saber, queda que faz aparecer o significante do lapso, elemento surgido da *lalíngua*, real.

Escrevo este passe/passo do inconsciente-verdade ao inconsciente real:

---

47 *Op.cit.*, p. 567.

1. Lapso;   2. (Espaço dos significantes associados);   3. Lapso (fora de sentido)
não sentido   (sentido)   fora-sentido
    ;   SsS; Ics-Verdade;   Ics-Real

Aplicado ao sintoma: quando o *esp* de um *sint* já não tem nenhum sentido, somente então se tem certeza de que se está no inconsciente.

Estamos longe da topologia do passe, construída em 1967 sobre o corte do objeto com relação à banda *moebiana* do sujeito, e que concluía: "Um saber vão de um ser que se furta".[48] O inconsciente real não se furta. Embora quando Lacan acrescenta que "o que se sabe, consigo" indica que se está no inconsciente, o "consigo" está aí para dizer que esse saber não pode ser compartilhado, sabe-se, mas não se trata de um saber transmissível que possa passar à comunicação, e daí se pode concluir que, do inconsciente-real, só nos aproximamos por meio da experiência analítica. Por outro lado, "se sabe" apenas pontualmente, "basta prestar atenção para que se saia disso".[49] Com efeito, a atenção – ao menos assim entendo –, ao trazer a questão do furo no sentido, reabre o espaço das associações transferenciais. Saber efêmero, portanto. Resta, então, recomeçar essa passagem que, "assim como o mar, há sempre de recomeçar".[50] Essa é a maior objeção e a mais radical neste ano de 1976 ao ideal da transmissão integral que a ciência ilustra. A materialização do inconsciente preside, antes, à não transmissão íntegra. Também não há possibilidade de diálogo, mas justamente diferença pura e mal-entendido geral.

---

48 Lacan, J. (1967). Proposição de 9 de outubro sobre o psicanalista da Escola. In *Outros escritos, op. cit.*, p. 260.
49 Lacan, J. (1976). Prefácio à edição inglesa do *Seminário 11*. In *Outros escritos, op. cit.*, p. 567.
50 Valéry, P. (1920). Le cimetière marin. In *Œuvres de Paul Valéry*. Paris: Éditions du Sagitaire, 1933, pp. 157-163.

Não espanta que Lacan considere útil adiantar, nesse mesmo texto, algumas novas fórmulas que dizem respeito tanto ao fim da análise quanto ao testemunho do passe.

Na análise, como Lacan explicita nesse mesmo texto, a questão principal prática, de acordo com essa tese, é a da produção da saída do infinito retorno ao sentido que atribui o amor à verdade. E vocês sabem que ele chegou a evocar, nos últimos anos, a necessidade de uma "contrapsicanálise"[51] no final, para sair, dizia ele, do envelopamento do simbólico.

---

51 Lacan, J. (1976-1977). *Le séminaire 24: L'insu que sait de l'une-bévue s'aile à mourre*. (Aula de 14/12/1976). [Inédito].

Referências

Althusser, L. (1996). *Lire Le Capital*. Paris: PUF. Publicado originalmente em 1965.

Althusser, L. (1965). *Pour Marx – La révolution théorique de Marx*. Paris: François Maspero.

Aubert, J. (org.). (1987). *Joyce avec Lacan*. Paris: Navarin.

Freud, S. (2019). A interpretação dos sonhos. In *Obras completas* (v. 4). Tradução de Paulo César de Souza. São Paulo: Companhia das Letras. Publicado originalmente em 1900.

Freud, S. (2006). Sobre a psicopatologia da vida cotidiana. In *Obras psicológicas completas: Edição Standard Brasileira* (v. VI). Rio de Janeiro: Imago. Publicado originalmente em 1901.

Freud, S. (2016). Três ensaios sobre a Teoria da Sexualidade. In *Obras completas* (v. 6). Tradução de Paulo César de Souza. São Paulo: Companhia das Letras. Publicado originalmente em 1905.

Freud, S. (2017). O chiste e sua relação com o inconsciente. In *Obras completas* (v. 7). Tradução de Fernando Costa Mattos e Paulo César de Souza. São Paulo: Companhia das Letras. Publicado originalmente em 1905.

Freud, S. (2015). O romance familiar dos neuróticos. In *Obras completas* (v. 8). Tradução de Paulo César de Souza. São Paulo: Companhia das Letras. Publicado originalmente em 1909.

Freud, S. (2015). Análise da fobia de um garoto de cinco anos ("O Pequeno Hans"). In *Obras completas* (v. 8). São Paulo: Companhia das Letras. Publicado originalmente em 1909.

Freud, S. (2012). Totem e tabu. In *Obras completas* (v. 11). Tradução de Paulo César de Souza. São Paulo: Companhia das Letras. Publicado originalmente em 1912.

Freud, S. (2010). Os instintos e seus destinos. In *Obras completas* (v. 12). Tradução de Paulo César de Souza. São Paulo: Companhia das Letras. Publicado originalmente em 1915.

Freud, S. (2014). Conferências introdutórias à psicanálise. In *Obras completas* (v. 13). Tradução de Sergio Tellaroli. São Paulo: Companhia das Letras. Publicado originalmente em 1916-1917.

Freud, S. (2010). "Batem numa criança": contribuição ao conhecimento da gênese das perversões sexuais. In *Obras completas* (v. 14). Tradução de Paulo César de Souza. São Paulo: Companhia das Letras. Publicado originalmente em 1919.

Freud, S. (2010). Além do princípio do prazer. In *Obras completas* (v. 14). Tradução de Paulo César de Souza. São Paulo: Companhia das Letras. Publicado originalmente em 1920.

Freud, S. (2011). Psicologia das massas e análise do eu. In *Obras completas* (v. 15). Tradução de Paulo César de Souza. São Paulo: Companhia das Letras. Publicado originalmente em 1921.

Freud, S. (2014). Inibição, sintoma e angústia. In *Obras completas* (v. 17). Tradução de Paulo César de Souza. São Paulo: Companhia das Letras. Publicado originalmente em 1926.

Freud, S. (2010). Novas conferências introdutórias à psicanálise. In *Obras completas* (v. 18). Tradução de Paulo César de Souza. São Paulo: Companhia das Letras, 2010. Publicado originalmente em 1933.

Freud, S. (2018). Moisés e o monoteísmo. In: *Obras completas* (v. 19). Tradução de Paulo César de Souza. São Paulo: Companhia das Letras. Publicado originalmente em 1939.

Hanns, L. A. (1996). *Dicionário comentado do alemão de Freud*. Rio de Janeiro: Imago.

Lacan, J. (1998). A agressividade em psicanálise. In *Escritos* (pp. 104-126). Rio de Janeiro: Jorge Zahar. Publicado originalmente em 1948.

Lacan, J. (1995). *O seminário, livro 4: A relação de objeto*. Rio de Janeiro: Jorge Zahar. Publicado originalmente em 1956-1957.

Lacan, J. (1998). De uma questão preliminar a todo tratamento possível das psicoses. In *Escritos* (pp. 537-590). Rio de Janeiro: Jorge Zahar. Publicado originalmente em dezembro 1957-janeiro 1958.

Lacan, J. (1998). Subversão do sujeito e dialética do desejo no inconsciente freudiano. In *Escritos* (pp. 807-842). Rio de Janeiro: Jorge Zahar. Publicado originalmente em 1960.

Lacan, J. (2005). *O seminário, livro 10: A angústia*. Rio de Janeiro: Jorge Zahar. Publicado originalmente em 1962-1963.

Lacan, J. (1985). *O seminário, livro 11: Os quatro conceitos fundamentais da psicanálise*. Rio de Janeiro: Jorge Zahar. Publicado originalmente em 1964.

Lacan, J. (2003). Proposição de 9 de outubro de 1967 sobre o psicanalista da Escola. In *Outros escritos* (pp. 248-264). Rio de Janeiro: Jorge Zahar. Publicado originalmente em 1967.

Lacan, J. (2003). Discurso na Escola freudiana de Paris. In *Outros escritos* (p. 265-287). Rio de Janeiro: Jorge Zahar. Publicado originalmente em 1967.

Lacan, J. (2008). *O seminário, livro 16: De um Outro ao outro*. Rio de Janeiro, Jorge Zahar. Publicado originalmente em 1968-1969.

Lacan, J. (2003). O ato psicanalítico. In *Outros escritos* (pp. 371--382). Rio de Janeiro: Jorge Zahar, 2003. Publicado originalmente em 1969.

Lacan, J. (2003). Radiofonia. In *Outros escritos* (pp. 400-447). Rio de Janeiro: Jorge Zahar. Publicado originalmente em 1970.

Lacan, J. *O seminário O saber do psicanalista*. (Aula de 04/11/1971). [Inédito]. Publicado originalmente em 1971-1972.

Lacan, J. (2003). O aturdito. In *Outros escritos* (pp. 448-497). Rio de Janeiro: Jorge Zahar. Publicado originalmente em 1972.

Lacan, J. (2012). *O seminário, livro 19: ... ou pior*. Rio de Janeiro: Jorge Zahar. Publicado originalmente em 1971-1972.

Lacan, J. (1985). *O seminário, livro 20: Mais, ainda*. Rio de Janeiro: Jorge Zahar. Publicado originalmente em 1972-1973.

Lacan, J. (2003). Televisão. In *Outros escritos* (pp. 508-543). Rio de Janeiro: Jorge Zahar. Publicado originalmente em 1973.

Lacan, J. (1975). A terceira. Intervenção no Congresso de Roma – 31/10/1974-03/11/1974, publicada originalmente em *Lettres de l'École freudienne*, n. 16, pp. 177-203.

Lacan, J. *O seminário, livro 22: RSI*. Edição de circulação interna. Centro de Estudos Freudianos de Recife. Publicado originalmente em 1974-1975.

Lacan, J. (2007). *O seminário, livro 23: O sinthoma*. Rio de Janeiro: Jorge Zahar. Publicado originalmente em 1975-1976.

Lacan, J. (2003). Joyce, o Sintoma. In *Outros escritos* (pp. 560-566). Rio de Janeiro: Jorge Zahar. Publicado originalmente em 1979.

Lacan, J. (1985). Conférence à Génève sur le symptôme. In *Le Bloc--notes de la psychanalyse*. Paris, n. 5, pp. 5-23. Publicado originalmente em 1975.

Lacan, J. (2003). Prefácio à edição inglesa do *Seminário 11*. In *Outros escritos* (pp. 567-569). Rio de Janeiro: Jorge Zahar. Publicado originalmente em 1976.

Lacan, J. *Le séminaire 24: L'insu que sait de l'une-bévue s'aile à mourre*. (Aula de 14/12/1976). [Inédito]. Publicado originalmente em 1976-1977.

Lacan, J. (1977-1978) *O seminário, livro 25: Momento de concluir*. [Inédito]. Disponível em: http://www.campopsicanalitico.com.br/biblioteca/pdf. Publicado originalmente em 1977-1978.

Lacan, J. (1979-1980). *O seminário, livro 27: Dissolução*. [Inédito]. Versão para circulação interna da Escuela Freudiana de Buenos Aires. Tradução de Ricardo E. Rodriguez Ponte. Publicado originalmente em 1979-1980.

Masson, J. M. (ed.). (1986). Carta de 21 de setembro de 1897. In *A correspondência completa de Sigmund Freud para Wilhelm Fliess – 1887-1904* (pp. 265-267). Tradução de Vera Ribeiro. Rio de Janeiro: Imago.

Soler, C. (2012). *Declinações da angústia*. São Paulo: Escuta. Publicado originalmente em 2000-2001.

Valéry, P. (1933). Le cimetière marin. In *Œuvres* de Paul Valéry (pp. 157-163). Paris: Éditions du Sagitaire. Publicado originalmente em 1920.